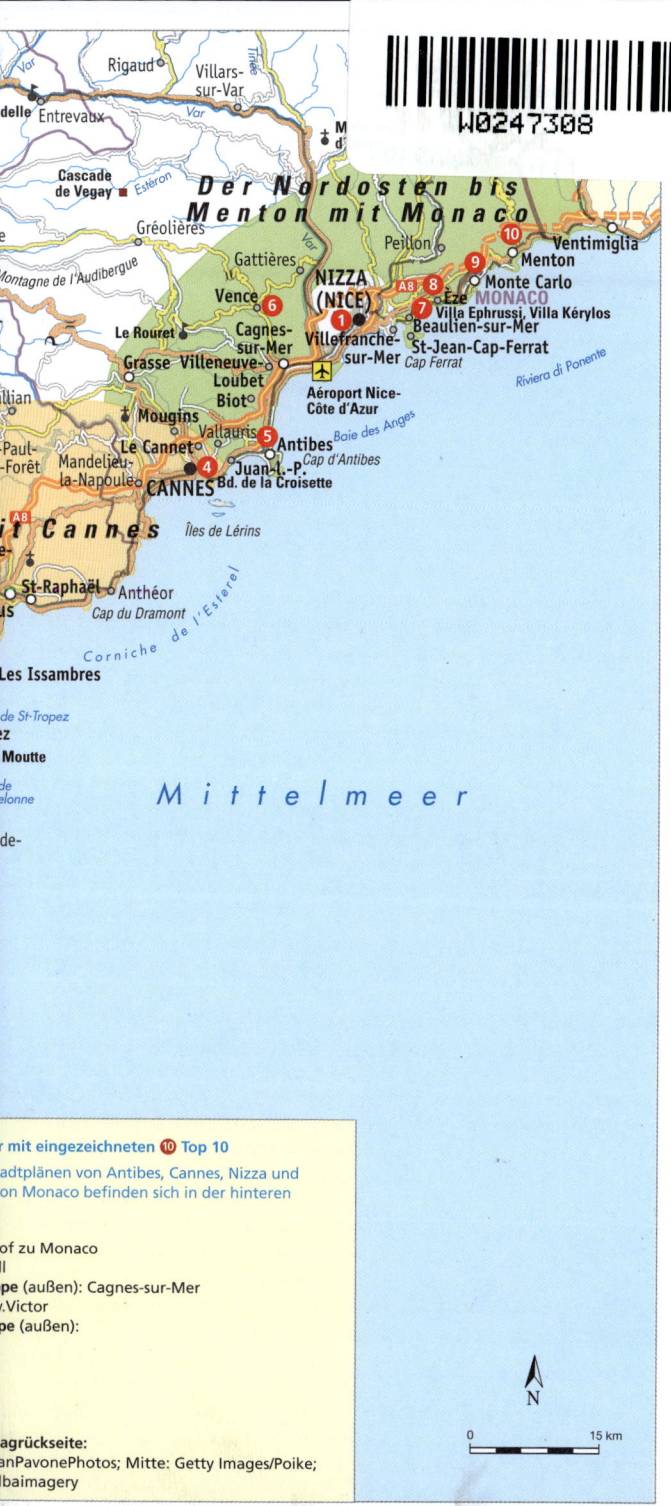

W0247308

Rigaud

Villars-sur-Var

Entrevaux

Cascade
de Vegay

Gréolières

Montagne de l'Audibergue

Le Rouret

Grasse

**Der Nordosten bis
Menton mit Monaco**

Peillon

Gattières

Vence ⑥

**Cagnes-
sur-Mer**

Villeneuve-
Loubet

Biot

**NIZZA
(NICE)** ①

Villefranche-
sur-Mer

**Aéroport Nice-
Côte d'Azur**

Mougins

Vallauris

Le Cannet

Mandelieu-
la-Napoule

④

CANNES

Antibes ⑤ *Baie des Anges*

Juan-L.-P. *Cap d'Antibes*

Bd. de la Croisette

t Cannes

St-Raphaël

Anthéor
Cap du Dramont

Les Issambres

de St-Tropez

ez

a Moutte

*de
elonne*

*ide-
e*

A8 ⑧

⑦ **Villa Ephrussi, Villa Kérylos**

Beaulien-sur-Mer

St-Jean-Cap-Ferrat *Cap Ferrat*

Riviera di Ponente

Ventimiglia

⑩ **Menton**

⑨ **Monte Carlo**

Eze **MONACO**

Îles de Lérins

Corniche de l'Estarel

M i t t e l m e e r

Riviera di Ponente

r mit eingezeichneten ⑩ Top 10

tadtplänen von Antibes, Cannes, Nizza und
von Monaco befinden sich in der hinteren

hof zu Monaco
ill
ppe (außen): Cagnes-sur-Mer
v.Victor
ppe (außen):

lagrückseite:
eanPavonePhotos; Mitte: Getty Images/Poike;
lbaimagery

N

0   15 km

CÔTE D'AZUR

DIE AUTOREN

Die Journalisten **Manuela Blisse** und **Uwe Lehmann** leben und arbeiten in Berlin. Gemeinsam haben sie ihre Hobbys zum Beruf gemacht und schreiben in ihrem eigenen Redaktionsbüro über die schönen Dinge des Lebens.

Neben Reisebüchern und Artikeln über Australien, Berlin, Griechenland, Südfrankreich oder die Ostsee widmen sie sich für Tages- und Fachzeitungen vornehmlich den Bereichen Essen & Trinken, Hotels, Lifestyle und Mode.

www.vistapoint.de

Inhalt

Sprachführer

Extras – Zusatzinformationen

Zeichenerklärung

 Top 10
Das müssen Sie gesehen haben, siehe vordere innere und hintere Umschlagklappe.

 Vista Point
Reiseregionen, Orte und Sehenswürdigkeiten

 Symbole
Verwendete Symbole siehe hintere innere Umschlagseite.

 Kartensymbol: Verweist auf das entsprechende Planquadrat der ausfaltbaren Karte bzw. der Detailpläne im Buch.

Willkommen an der Côte d'Azur

Eigentlich ist die Côte d'Azur ein künstliches Konstrukt, eine Erfindung des französischen Schriftstellers Stephen Liégeard, der Ende 1887 ein Buch über den Küstenstreifen, den er *Côte d'Azur* nannte, veröffentlichte. Bei Liégeard reichte die Côte d'Azur von Hyères im Westen bis Menton im Osten. Menton als östliches Ende der Côte d'Azur ist bis heute unumstritten. Verschiedene Meinungen gibt es hingegen darüber, wie weit nach Westen die »Blaue Küste« reicht. Für Traditionalisten ist mit der Côte d'Azur bereits westlich von Cannes Schluss. Für andere reicht sie zumindest bis St-Tropez, in diesem Buch bis Toulon, und Klaus und Erika Mann definierten sie 1931 gar bis Marseille.

Nicht nur auf Schriftsteller wie Klaus und Erika Mann oder Lion Feuchtwanger übte die sonnige Küste einen starken Reiz aus, auch viele bildende Künstler wurden von ihr inspiriert: Henri Matisse, Pierre-Auguste Renoir, Pablo Picasso, Marc Chagall oder Niki de Saint Phalle.

Der im Genueser Stil erbaute Hafen von Nizza verfügt über mehr als 500 Liegeplätze und ist der zweitgrößte Kreuzfahrthafen Frankreichs

Die ersten, die zur Erholung an eine der schönsten Küsten der Welt reisten, waren jedoch britische Adlige, die bereits zu Beginn des 19. Jahrhunderts dem nasskalten England entflohen und den Winter im milden Klima der südfranzösischen Küste verbrachten. Dem Adel folgten schon bald Schauspieler, Rennfahrer oder Stahl-Barone. Vor allem Hollywood entdeckte den wunderbaren Landstrich für sich. Die Illusion von perfekter Harmonie, einmaliger Landschaft, klarstem Licht und reinsten Farben zieht seit Jahrzehnten auch die »normalen« Urlauber in ihren Bann.

Heute ist die Côte d'Azur in weiten Teilen ein dicht besiedelter Ballungsraum, wo Tourismus und neue Industrien einträchtig nebeneinander existieren. Doch die Klientel in Frankreichs meistbesuchter Ferienregion hat sich geändert: Bei Promis und VIPs steht das Hinterland hoch im Kurs, an die Küste reisen nach zwei Jahren coronabedingter Einschränkungen neben Franzosen, Deutschen und reichen Ölscheichs auch zunehmend mehr Urlauber aus osteuropäischen Staaten. Dennoch findet man vor allem in der Nebensaison auch immer wieder traumhaft schöne, ruhige Plätze.

Daten zur Geschichte

Ur- und Früh- geschichte	Die französische Mittelmeerküste und ihr Hinterland zählen zu den ältesten Siedlungsgebieten der Menschheit. Östlich von Menton wurden beispielsweise Skelette des sogenannten Crô-Magnon-Menschen gefunden, eines direkten Vorfahren des Homo sapiens.
Ca. 4500 v. Chr.	In der Provence bilden sich die ersten bäuerlichen Ansiedlungen. Erste Spuren von frühem Getreideanbau konnten im Rhône-Tal nachgewiesen werden.
Ab 620 v. Chr.	Die Griechen kolonialisieren die südfranzösische Küste und gründen Marseille, Nizza, Antibes, Arles und Monaco.
121 v. Chr.	Teile Südfrankreichs werden zur römischen Provinz – daher auch der Name Provence. Die Römer gründen Aix-en-Provence.
49 v. Chr.	Marseille wird von Cäsar zerstört, da es sich im römischen Bürgerkrieg auf die Seite seines Widersachers Pompejus geschlagen hatte.
1.–4. Jh. n. Chr.	In den ersten zwei bis vier Jahrhunderten nach Christus entwickelt sich die Provence zur blühenden römischen Kolonie. Die Theater von Arles und Orange sowie der Pont du Gard werden gebaut. Langsam hält das Christentum in Südfrankreich Einzug, gleichzeitig beginnen im 4. Jahrhundert die Westgoten nach Süden vorzustoßen.
471	Die Westgoten erobern Arles und werden später von den Burgundern verdrängt, die wiederum von den Ostgoten abgelöst werden.
537	Die Franken vertreiben die Ostgoten und schaffen sich so einen Zugang zum Mittelmeer.
843	Durch den Vertrag von Verdun kommt die Provence in den Besitz von Lothar, einem Enkel Karls des Großen.
879	Boso von Vienne gründet das Königreich Provence, das jedoch schon bald an Burgund fällt.
972	Der Stützpunkt der Sarazenen im Hinterland von St-

Der Hafen von St-Raphaël mit Blick auf Fréjus

Blick von der Corniche auf das Bergdorf Èze

	Tropez wird zerstört. Die Überfälle und Plünderungen der Küstenregion haben damit ein Ende. Im selben Jahr gründet Wilhelm, Graf von Arles, das provenzalische Grafenhaus.
Um 1140	Die »drei provenzalischen Schwestern«, die Zisterzienserklöster von Sénanque, Le Thoronet und Silvacane, werden gegründet.
1125	Die Provence fällt an die Grafen von Toulouse.
1178	Durch Heirat gelangt die Provence in den Besitz der Grafen von Barcelona.
1305	Der Erzbischof von Bordeaux, Bertrand de Got, besteigt als Clemens VI. den Papststuhl und erklärt vier Jahre später Avignon zu seiner Residenz. Bis 1377 residieren insgesamt sieben Päpste in Avignon, hinzu kommen bis 1403 noch zwei Gegenpäpste in Konkurrenz zu den inzwischen wieder in Rom herrschenden Oberhirten.
1388	Die Grafschaft Nizza geht an das immer mächtiger werdende Haus Savoyen.
1481	Nach dem Tod von Graf René von Anjou und seines ihm nachfolgenden Neffen Karl II. von Maine erbt der französische König Ludwig XI. die Provence.
16. Jh.	Auch in Südfrankreich toben die Religionskriege zwischen Protestanten und Katholiken. 1545 werden im Lubéron über 2000 Waldenser massakriert. Der Glaubenskrieg endet 1560 mit dem Edikt von Nantes. Zudem kommt es Ende des 16. Jahrhunderts auch zu blutigen Bauernaufständen.
1555	Nostradamus veröffentlicht in Salon-de-Provence seine Weissagungen.
1720/21	In Marseille fallen über 40 000 Menschen dem Schwarzen Tod, der Pest, zum Opfer.
1765	Die ersten englischen Adeligen kommen an die südfranzösische Küste, um in mildem Klima dem feuchten und kalten Winter auf den Britischen Inseln zu entfliehen.
1789	Beginn der Französischen Revolution.

1793   Der korsische Leutnant Napoléon Bonaparte beendet die englische Besatzung von Toulon und wird zum General befördert.

1815   Napoléon, der sich am 2. Dezember 1804 selbst zum Kaiser gekrönt hatte, flieht aus seinem Exil auf Elba und landet am 1. März bei Cannes. Er zieht auf der heutigen Route Napoléon über Grasse und Grenoble

»Napoléon auf dem Großen St. Bernhard« von Jacques-Louis David

nach Paris, wo er am 20. März von Beifallsstürmen des Volkes begleitet eintrifft. Seine »Herrschaft der hundert Tage« beginnt, die mit seiner Niederlage in der Schlacht von Waterloo endet.

1856   In Monte-Carlo wird die erste Spielbank in Monaco eröffnet.

1860   Nach einer Volksabstimmung fällt die Grafschaft Nizza an Frankreich.

1887   Mit seinem Buch »La Côte d'Azur« gibt der französische Schriftsteller, Jurist und Politiker Stephen Liégeard der Küste zwischen Hyères bzw. Cannes im Westen und Menton im Osten einen Namen.

1929   In den Straßen von Monaco findet ein erstes Autorennen statt, das ab 1950 als Großer Preis von Monaco Bestandteil der Formel-1-Weltmeisterschaft wird.

1933   Viele deutsche Intellektuelle flüchten vor den Nationalsozialisten in den Süden Frankreichs.

1942   Die deutsche Wehrmacht besetzt die bis dahin sogenannte »freie Zone« Südfrankreichs.

1944   Am 15. August landen die Alliierten an der Küste bei Toulon und befreien den Süden Frankreichs.

1863 eröffnet: die Spielbank von Monte-Carlo

1946   In Cannes finden zum ersten Mal die Internationalen Filmfestspiele statt.

1962   Nach Ende des algerischen Unabhängigkeitskriegs siedeln viele *pieds noirs* (Schwarzfüße = Auslandsfranzosen) von Algerien nach Südfrankreich um.

Seit 1946 alljährlich im Mai: die Filmfestspiele in Cannes

1974   Die sechs Départements Alpes-Maritimes, Hautes-Alpes, Alpes-de-Haute-Provence, Var, Vaucluse und Bouches-du-Rhône bilden die Region Provence-Alpes-Côte d'Azur, PACA.

1995–2007   In der Stichwahl gegen den Sozialisten Lionel Jospin für die Präsidentschaft siegt Jacques Chirac, der Kandidat der Mitte-rechts-Parteien RPR und UDF. 2002 erreicht Chirac eine denkbar knappe Mehrheit vor Jean-Marie Le Pen und Jospin. 2007 löst Nicolas Sarkozy Chirac ab.

2005   Am 6. April stirbt Fürst Rainier III., der 56 Jahre über das kleine Fürstentum Monaco herrschte. Ihm folgt sein Sohn Albert als Staatsoberhaupt nach.

2010   Monaco bekommt ein neues Nationalmuseum: das Nouveau Musée National de Monaco.

2012   Erstmals seit 17 Jahren gewinnt mit François Hollande ein Sozialist wieder die Präsidentenwahl.

2013   Marseille ist europäische Kulturhauptstadt und zieht mit neuen Museen und Bauwerken viele Besucher an.

2015   Überschwemmungen im Oktober richten einen geschätzten Schaden in Höhe von 650 Millionen Euro an.

2016   Am 14. Juli fährt bei einem terroristischen Anschlag ein Attentäter mit einem Lkw auf der Promenade des Anglais in Nizza durch eine feiernde Menge. Mindestens 85 Menschen sterben, über 300 werden verletzt.

2017   Bei den Parlamentswahlen erleiden die Sozialisten erhebliche Verluste. Der amtierende Präsident Emmanuel Macron gewinnt mit seiner Partei La République en Marche und der verbündeten Mouvement démocrate 43 Prozent der Wählerstimmen.

2022   Die Liste des amtierenden Präsidenten Macron verliert bei den Parlamentswahlen die absolute Mehrheit, bleibt aber stärkste Kraft.
Die lang anhaltende Trockenheit im Sommer führt zu großer Wasserknappheit. Das Befüllen privater Pools und das Bewässern von Rasenflächen wird verboten. ■

Ein Rundgang durch die Metropole der Côte d'Azur

Stadtour Nizza
Ein Rundgang durch die Metropole der Côte d'Azur

Vormittag
Promenade des Anglais, Ecke Boulevard Gambetta – Hotel Negresco – Vieux Nice – Marché aux Fleurs – Cathédrale Ste-Réparate.

Mittag
Pause im Café La Place Rossetti (vgl. S. 19).

Nachmittag
Place Rossetti – Rue Rossetti – Schlossberg/Colline de Château.
Alternativ: Place Rossetti – Rue Centrale – Place Yves Klein – Place Garibaldi – Rue Cassini – Hafen – Schlossberg/Colline de Château.

Nizza ist unbestritten die Metropole der Côte d'Azur, die unangefochtene Nummer eins, trotz der immerwährenden Konkurrenz mit der Filmstadt Cannes. Fast 350 000 Einwohner hat die Hauptstadt des Départements Alpes-Maritimes und ist inzwischen der wichtigste Wirtschafts- und Industriestandort. Nach wie vor zieht die Stadt, deren Aufstieg einst damit begann, dass Queen Victoria sie zu ihrem bevorzugten Winterquartier erklärte, die Touristenmassen an. Und das nicht nur zur

Hochsaison oder zum Karneval, sondern rund ums Jahr.

Die Stadt hat einiges zu bieten, sei es während einer Tour entlang der Küste oder auch nur für einen Kurztrip. So besitzt Nizza nach Paris die meisten Museen in Frankreich, kann mit 32 historischen Denkmälern, 300 Hektar Parks, Gärten und Wäldern aufwarten. Ergänzt wird die imposante kulturelle Palette von der prähistorischen Stätte der Terra Amata, von Barockreichtum, Belle-Époque-Architektur und zeitgenössischen Skulpturen in der ganzen Stadt.

Hauptanziehungspunkte sind die fast vollständig erhaltene Altstadt und die kilometerlange

Das Luxushotel Negresco an der Promenade des Anglais

Promenade des Anglais ➜ cE1–3, die am Flughafen beginnt und bis zur Altstadt am Meer entlang führt. Der Stadtspaziergang beginnt an der Ecke **Promenade des Anglais/Boulevard Gambetta** ➜ cE1. Prachtvolle Villen und Luxushotels säumen die Bummelmeile Nizzas. Die palmenbestandene Strandstraße an der Engelsbucht, allerdings mit mehrspurigem Autoverkehr, wurde tatsächlich nach den Engländern benannt. Angelegt wurde sie vor rund 180 Jahren, damals allerdings als zwei Meter breiter Wanderpfad. Die Briten waren die ersten Touristen hier, ein schottischer Arzt gilt als Entdecker Nizzas. Queen Victoria weilte bereits Ende des 19. Jahrhunderts im Hotel West End, dem ersten Nobelhotel an der Promenade.

Erst war die britische Elite hier, dann kam ab Anfang des 20. Jahrhundert fast der gesamte europäische Hochadel. Im Gegensatz zu damals reist die Prominenz heute gerne im Frühling an, so jedenfalls sollen es Catherine Deneuve und José Carreras halten. Sie wohnen gern im Hotel **Negresco** ➡ cE1, Nizzas Aushängeschild, das man bereits nach wenigen Schritten erreicht. Der Belle-Époque-Palast steht unter Denkmalschutz, das Parterre ist mit zeitgenössischen Kunstwerken dekoriert, die Glaskuppel im Salon Royal stammt von Gustave Eiffel.

Wenige Meter weiter widmet sich das **Musée Masséna** ➡ cE1/2 anhand von Einrichtungsgegenständen, Gemälden, Skulpturen und Kunstobjekten der abwechslungsreichen Geschichte Nizzas vom Ersten Kaiserreich 1814 bis 1939. Die 1898 erbaute Villa Masséna ist zudem ein prächtiges Beispiel der Belle-Époque-Architektur.

Nächste Station ist das 1929 im Stil des Art déco als Hotel und Kasino errichtete **Palais de la Méditerranée** ➡ cE2, in dem Stars wie Louis Armstrong oder Duke Ellington zu den Stammgästen zählten. 1978 ging die Betreibergesellschaft Konkurs, Inventar und Innenausstattung wurden versteigert. 1990 wurde der Bau bis auf die Außenfassaden abgerissen, aber 2004 öffnete das rekonstruierte Palais de la Méditerranée erneut als Luxushotel mit Schwimmbad. Übrigens hat man von der Bummelmeile vielerorts direkten Strandzugang und kann ein Sonnenbad nehmen oder einen kühlen Drink genießen.

Ein Stück hinter dem **Jardin Albert 1er** ➡ cD/cE3, dem ältesten Park Nizzas, der mit anderem Grün wie dem **Espace Masséna** mit Wasserspielen und Blumenpracht eine über zwei Kilometer lange Oase vom Meer bis zu den Hügeln bildet, und dem Théâtre du Verdure biegt man links in die Rue Vanloo ein. So gelangt man in die ❶ **Altstadt Vieux Nice** ➡ cD/cE4/5 und zur Rue Saint-François de Paule, der man rechts, vorbei am Hotel de Ville und der Oper zum Herz der Altstadt, dem **Cours Saleya**, folgt. Hier trifft man sich in den Restaurants oder auf dem täglichen Markt.

Der **Marché aux Fleurs** ➡ cE4 ist nicht nur wegen der Blumen einfach wunderbar, hier gibt es auch Gemüse- und andere Lebensmittel sowie feste Stände mit Käsereien und Fischlokale. An sonnigen Vormittagen

Die Strandpromenade entlang der Baie des Anges in Nizza: Promenade des Anglais

findet man am Cours Saleya kaum einen freien Platz in den Cafés und auch abends ist in den Bars und Pubs der Altstadtgassen eine Menge los.

Sehenswürdigkeiten in der Altstadt sind vor allem das barocke Wunder, die **Chapelle de la Miséricorde** ➜ cD/E5 am Cours Saleya, und die **Cathédrale Ste-Réparate**, an der über ein Jahr-

Traditionelle Geschäfte in der Altstadt Vieux Nice

hundert gebaut wurde, am schönen **Place Rossetti** ➜ cD4 mit seinem italienischen Flair. In unmittelbarer Nähe liegt das **Palais Lascaris** (15, rue Droite), es wurde einem genuesischen Stadtpalast nachempfunden und ist eines der schönsten historischen Gebäude in der Altstadt. Nachdem der 1648 erbaute Palast zunächst einem Feldmarschall als Residenz diente, war er nach der Revolution Mietshaus und verfiel zusehends. Seit 1942 wird das Gebäude als Museum genutzt und vor dem Verfall gerettet. Im Erdgeschoss ist eine Apotheke mit einer sehenswerten antiken Einrichtung untergebracht. Eine andere berühmte Kirche liegt außerhalb der Altstadt: Die russisch-orthodoxe Kathedrale St-Nicolas ➜ cB1 ist das größte russische sakrale Gebäude außerhalb Russlands.

Die Straßen der Altstadt bevölkern neben den Touristen auch die Einheimischen, die in den kleinen Läden im Labyrinth der Gassen, beispielsweise in der Rue de la Boucherie unweit des Place Rossetti, einkaufen. Dort kann man sich *Tapenade*, die leckere Olivenpaste, direkt aus dem Bottich abfüllen lassen.

Das hübsche **Café La Place Rossetti** ➜ cD5 bietet sich für eine kleine Mittagspause vor der Fortsetzung des Rundgangs an.

Die Altstadt ist übrigens nicht, wie zu vermuten wäre, das älteste Viertel Nizzas. Das ist **Cimiez** ➜ nördl. cA4, heute eine Ausgrabungsstätte, die einst von 20 000 Römern bewohnt war. Cimiez, das sich über der Altstadt auf dem Hügel Mont Gros erhebt, bietet ebenfalls schöne Belle-Époque-Bauten, einen hübschen Klostergarten und eine tolle Aussicht über die Stadt – am höchsten Punkt befindet sich das römische Amphitheater, das rund 5000 Menschen Platz bot. Abends zeigt sich Cimiez von seiner romantischen Seite. Auch einige der schönsten Kunstmuseen Nizzas, wie das **Musée Marc Chagall** und das **Musée Matisse**, befinden sich im Stadtteil Cimiez.

Zwischen Altstadt und Hafen liegt Nizzas **Schlossberg** ➜ cD/cE5/6, der **Colline de Château**. Allerdings existiert das Schloss längst nicht mehr. Der Gipfel wurde in einen Park verwandelt, mit einem künstlichen Wasserfall, einem Spielplatz und verschiedenen Aussichtspunkten. Zu erreichen ist der 93 Meter hohe Hügel etwa vom Place Rossetti ➜ cD4/5 über die Rue Rossetti, über die Stufen am Quai des Etats-Unis oder man nimmt den Aufzug ab dem Festungsturm **Tour Bellanda** ➜ cE5. Sogar mit dem Auto kommt man bis fast ganz nach oben und von der Promenade fährt eine Bimmelbahn. Mit der schönsten Aussicht über das Altstadtgewirr, auf die Promenade und auf der anderen Seite bis zum Hafen endet der kleine Rundgang.

Alternativ: Wer nicht direkt zum Schlossberg gehen will, kann den Rundgang vom **Place Rossetti** ➜ cD4/5 in entgegengesetzter Richtung erweitern und die Altstadt über die Rue de la Boucherie und die Rue Centrale verlassen. An deren Ende erreicht man den **Boulevard Jean Jaurès** ➡ cD5. Doch bevor man dem Boulevard nach rechts Richtung Nordosten folgt, lohnt ein Abstecher über die auf dem Grünstreifen verlaufende **La Promenade du Paillon**, auch *Coulée Verte*, grüner Streifen, genannt, 300 bis 400 Meter links hinunter zum belebten **Place Masséna** ➡ cD/cE3/4. Er markiert den Übergang von der Alt- zur Neustadt. Über dem Platz, der von zahlreichen Geschäften und Restaurants gesäumt ist, thronen sieben Skulpturen des katalanischen Künstlers Jaume Plensa auf neun Meter hohen Masten und symbolisieren sieben Kontinente.

Hinter dem weitläufigen Platz, auf dem mit Straßenkünstlern und Veranstaltungen wie dem Weihnachtsmarkt immer etwas los ist, liegt der nördliche Eingang des Jardin Albert 1er. Läuft man durch den Park, gelangt man wieder zurück zur Strandpromenade. Auch Nizzas Haupt-Shoppingmeile, die **Avenue Jean Médecin**, beginnt an dem malerischen Platz mit dem schwarz-karierten Straßenpflaster und seinen neoklassizistischen, ockerfarbenen Gebäuden. Ein beliebtes Einkaufsrevier ist auch die Fußgängerzone Rue Masséna.

Doch wir drehen um und gehen (oder man nimmt die Straßenbahn) den Boulevard zurück und folgen ihm und seiner Verlängerung bis zum **Place Yves Klein** ➡ cC5 – der Maler Yves Klein (1928–62) wurde in Nizza geboren. Schon immer hat die Stadt Künstler angezogen, allen voran Henri Matisse, aber auch Guy de Maupassant, Nietzsche, Renoir, Picasso, Chagall, Berlioz und Offenbach.

Kunstfreunde müssen daher unbedingt am **Musée d'Art Moderne et d'Art Contemporain (MAMAC)** ➡ cC5 vorbeischauen. Schon die interessante Architektur des 1990 eröffneten Gebäudes aus weißem Carrara-Marmor, entworfen von Yves Bayard und Hanri Vidal, ist den Abstecher zur Promenade des Arts wert, die Ausstellung allemal. Sie präsentiert auf vier Etagen Werke französischer und amerikanischer avatgardistischer Künstler von den 1960er Jahren bis heute. Gegenüber dem Museum liegt die **Bibliothèque Louis Nucéra**, die davor platzierte Skulptur »Tête Carrée« von Sacha Sosno, »Quadratschädel« genannt, ist bei den Einheimischen höchst umstritten.

Der von Arkaden eingerahmten **Place Garibaldi** ➡ cC5 mit dem Denkmal des in Nizza geborenen Freiheitskämpfers Giuseppe Garibaldi ist ein denkmalgeschütztes Beispiel bürgerlicher Barock-Architektur zwischen Nizzas Altstadt und dem Hafenviertel. Angelegt wurde er als Place Royal Ende des 18. Jahrhunderts.

Place Garibaldi in Nizza

Über die Rue Cassini geht es zum von Gebäuden aus dem 18. Jahrhundert im Stil der italienischen Renaissance umgebenen **Hafen** ➡ cD6, der jedoch nicht ganz den Glamour anderer Yachthäfen an der Côte d'Azur verströmt. Dennoch kann man gut in einem der zahlreichen Cafés und Restaurants mit Blick auf die Yachten eine Pause einlegen, bevor man sich von der Hafenseite aus auf den Weg zum Gipfel des **Schlossbergs** ➡ cD/cE5/6 macht.

*Die Springbrunnen an der Promenade du Paillon bieten in der sommer-
lichen Hitze Nizzas eine willkommene Erfrischung*

Service-Informationen Nizza

ℹ Office de Tourisme ➡ cE3
5, promenade des Anglais
06302 Nizza
☎ 04 92 14 46 14
www.explorenicecotedazur.com
Weitere Büros am Bahnhof und
der Promenade du Paillon.

🏛 Mit dem **French Riviera Pass**,
gültig für 24, 48 oder 72 Stunden,
erhält man kostenlosen Eintritt zu
60 kulturellen Einrichtungen an
der Côte d'Azur, darunter auch
zu den städtischen Museen oder
dem von Gutave Eiffel entworfe-
nen Observatorium in Nizza. Der
Pass beinhaltet einen Stadtplan
von Nizza und eine Stadtour im
Doppeldeckerbus, aber auch die
kostenlose Nutzung der Nahver-
kehrsmittel in der Metropolregi-
on Nizza-Côte d'Azur und beispielsweise eine Bootsfahrt von
Cannes zur Insel Saint Honorat.
Infos unter: www.explorenice
cotedazur.com.

🚃 **Les Trains Touristiques**
☎ 06 29 89 60 59
www.francevoguette.com
Der elektrisch betriebene Touristenzug passiert auf der Stadt-

zentrumstour beginnend an der
Promenade des Anglais in 45 Minuten die wichtigsten Sehenswürdigkeiten der Altstadt; die Tour
»Schloss« dauert 50 Minuten und
führt auf den Schlossberg mit
herrlichem Panoramablick.

🚲 **VéloBleu/Mietfahrrad**
☎ 04 93 72 06 06
www.velobleu.org
An 175 Standorten in der Stadt
findet man rund um die Uhr die
blauen Mieträder, die man mit
seiner Bankkarte freischaltet.

🏛 **Espace Soardi** ➡ cC4
9, av. Désambrois, Nizza
☎ 04 93 62 32 03
www.espacesoardi.com
1930–33 hat Matisse hier gearbei-
tet, es entstanden drei Versionen
von »La Danse«. Heute ist es eine
Galerie für zeitgenössische Kunst.

🏛 **Musée de Préhistoire de Terra
Amata** ➡ östl. cD6
25, bd. Carnot, Nizza
☎ 04 93 55 59 93
www.explorenicecotedazur.com/
fiche/musee-de-prehistoire-de-
terra-amata/

Bestandteil des French Riviera Pass An einer prähistorischen Stätte – einem Höhlensystem mit 400 000 Jahre alten Werkzeug- und Knochenfunden – wurden ein Museum errichtet und eine alte Behausung rekonstruiert. 2016, aus Anlass den 40-jährigen Jubiläums, wurde die Ausstellung neu gestaltet und ein interaktiver Museumsparcours eingerichtet.

🏛 Musée d'Archéologie site de Cimiez ➡ nördl. cA4
160, av. des Arènes de Cimiez, Nizza
☎ 04 93 81 59 57
www.explorenicecotedazur.com/fiche/musee-d-archeologie-de-nice-cimiez/
Bestandteil des French Riviera Pass Reste der Thermen und des Baptisteriums gehören zu den Funden der antiken Römerstadt *Cemelenum*. Neben antiken Steinen gibt es ein archäologisches Museum.

🏛 Musée d'Art Moderne et d'Art Contemporain (MAMAC) ➡ cC5
Place Yves Klein, Nizza
☎ 04 97 13 42 01
www.mamac-nice.org
Bestandteil des French Riviera Pass Spannendes Museum mit 1400 Werken von 350 Künstlern aus Europa und Amerika von den 1960er Jahren bis heute. Man begegnet in dem modernen Bau aus weißem Marmor u. a. Werken von Roy Lichtenstein, Robert Rauschenberg, Andy Warhol, Niki de Saint Phalle und Yves Klein. Kleins Werke sind übrigens auch im Jardin d'Eden auf der Museumsterrasse zu finden.

🏛 Musée des Arts Asiatiques ➡ westl. cE1
405, promenade des Anglais, in der Nähe des Flughafens, Nizza
☎ 04 89 04 55 20
www.arts-asiatiques.com
Eintritt frei
Schon allein der von Wasserbecken flankierte moderne Museumsbau des japanischen Architekten Kenzo Tange, der von Le Corbusier beeinflusst wurde und 1987 der Pritzker-Preis erhielt, ist sehenswert. Drinnen widmet man sich den asiatischen Kulturen, zum Begleitprogramm gehören auch Teezeremonien.

🏛 Musée des Beaux-Arts ➡ westl. cE1
33, av. des Baumettes, Nizza
☎ 04 92 15 28 28
www.musee-beaux-arts-nice.org

Nizza: Musée d'Art Moderne et d'Art Contemporain

Bestandteil des French Riviera Pass
Das Museum wurde 1928 in der
neoklassizistischen Villa Kot-
schoubey-Thomson eröffnet. Es
zeigt italienische, flämische und
französische Gemälde und Skulpturen vom 15. bis 20. Jh.

🏛 Musée International d'Art Naïf Anatole Jakovsky

➡ westl. cE1

Château Ste-Hélène, av. de Fab-
ron, Nizza
☎ 04 93 71 78 33
www.nice.fr/Culture/Musees-et-
expositions/Musee-d-Art-Naif
Bestandteil des French Riviera Pass
Über 1000 Werke naiver Kunst
vom 18. Jh. bis zur Gegenwart.
Das Museum wurde 1982 dank
der Schenkung von Anatole und
Renée Jakovsky in der ehemaligen Residenz eines Parfümeurs
eröffnet.

🏛 ⚽ Musée Masséna ➡ cE2

65, rue de France, Nizza
☎ 04 93 91 19 10
www.massena-nice.org
Bestandteil des French Riviera Pass
Kunst und Geschichte der Stadt
Nizza an der Promenade des An-
glais in einem wunderschönen
Garten.

🏛 Musée Matisse ➡ nördl. cA4

164, av. des Arènes de Cimiez
Nizza
☎ 04 93 81 08 08
www.musee-matisse-nice.org
Bestandteil des French Riviera Pass
»Als ich verstanden hatte, dass
ich dieses Licht jeden Morgen
wieder sehen würde, konnte ich
mein Glück nicht fassen«, sagte
Matisse 1917. Das war der Anfang
einer 40-jährigen Freundschaft
zwischen dem Maler und der
Côte d'Azur. In einer Genueser
Villa aus dem 17. Jh. im Park der
Arenen von Cimiez werden die
berühmtesten Gemälde, fast alle
Skulpturen, Zeichnungen und
Radierungen von Matisse gehütet.

Umgeben von einem reizvollen Garten: Musée Masséna

🏛 Musée National Marc Chagall

➡ cA3

36, Av. Docteur Ménard, Nizza
☎ 04 93 53 87 20
musees-nationaux-alpesmariti
mes.fr/chagall/
1973 wurde das Museum in An-
wesenheit von Marc Chagall
eröffnet, der die Institution bis
zu seinem Tod 1985 begleitete.
2008 wurde das Museum zum
Musée national. Überblick über
Chagalls Werk, darunter auch
die 17 großen Bilder des Zyklus
»Le Message Biblique«. Den Garten ziert ein farbenfrohes Mosaik
des Künstlers.

🏛 Musée du Palais Lascaris

➡ cD5

15, rue Droite, Nizza
☎ 04 93 62 72 40
www.explorenicecotedazur.com/
fiche/palais-lascaris/
Bestandteil des French Riviera Pass
Das 1648 im Barockstil erbaute
Stadtpalais ist eines der wichtigsten und sehenswertesten Gebäude Nizzas. Das rekonstruierte
prächtige Innere, etwa das großzügige Treppenhaus und die
Empfangssäle, machen Eindruck.
Bedeutend ist die mit 500 alten
Musikinstrumenten zweitgrößte
Sammlung dieser Art in Frankreich.

Im Parc de la Colline du Château

🏛 **Villa Arson** ➜ nördl. cA1
20, av. Stéphen Liégeard, Nizza
✆ 04 92 07 73 73
www.villa-arson.org, Eintritt frei
Die Villa aus dem 18. Jh. ist ein nationales Zentrum der zeitgenössischen Kunst auf einem fast drei Hektar großen Areal mit Ausstellungen, Werkstätten Hochschule und Studentenunterkünften. In ihren vielen Ausstellungen werden bekannte wie Nachwuchskünstler präsentiert.

🔘 **Cathédrale Ste-Réparate**
➜ cD4
3, place Rossetti, Nizza
✆ 04 93 92 01 35
www.cathedrale-nice.fr
Von 1650 bis 1757 währte der Bau der Kathedrale. Sie gehört zu den Highlights barocker Kunst in Nizza. und strahlt nach sechsjähriger Restaurierung in neuem Glanz

🔘 **Chapelle de la Miséricorde**
➜ cD/cE4
Cours Saleya, Nizza
Im alten Nizza liegt die Kapelle der schwarzen Büßermönche. Sie gilt als barockes Meisterwerk.

🔘 **Église de l'Annonciation**
➜ cD5
1, rue de la Poissonnerie, Nizza
Die auch als Ste-Rita bekannte Kirche ist eines der ältesten Gotteshäuser in Nizza. Im 17. Jh. wurde das Bauwerk in der Altstadt völlig umgestaltet, dank jüngster

Restaurierung zeigt es wieder seine ganze barocke Pracht.

🔘🏛♣ **Franziskanerkloster von Cimiez** ➜ nördl. cA4
Place du Pape Jean Paul II, Nizza
www.nice.fr/fr/culture/musees-et-galeries/a-voir-aussi
Das Kloster mit sehr schöner Kirche stammt aus dem 16. Jh. Auf dem Friedhof liegt Matisse begraben. Zum Kloster gehören auch ein Museum und der älteste Garten der Côte d'Azur, die Mönche bauen hier auch Gemüse an.

🌳 **Parc de la Colline du Château**
➜ cD/E5
Rue de Foresta/Montée Monfort
Eintritt frei
Schöner grüner und labyrinthartiger Park mit Wasserfall.

🎭 **Opéra de Nice** ➜ cE4
4 & 6, rue Saint-François de Paule
Nizza
✆ 04 92 17 40 00
www.opera-nice.org
Neben der Oper in Monaco das zweite große Haus an der Côte d'Azur für Konzerte, Ballett und Oper.

🎭 **Théâtre National de Nice/ Centre National d'Art Dramatique** ➜ cC5
Promenade des Arts, Nizza
✆ 04 93 13 19 00, www.tnn.fr
Das Haus für Bühnen- und Schauspielkunst. In der Saison 2022/23 wurde die neue Spielstätte Salle des Franciscains (4–6, place Saint-François) mit 300 Plätzen im ehemaligen Franziskanerkloster aus dem 13. Jh. eröffnet.

❌ **Le Café de Turin** ➜ cC5
5, place Garibaldi, Nizza
✆ 04 93 62 29 52
www.cafedeturin.fr
Die Restauration an der arkadengesäumten Place Garibaldi soll die besten Meeresfrüchte der Stadt servieren. €€–€€€

☒ Chez Acchiardo ➜ cD5
38, rue Droite
Nizza
✆ 04 93 85 51 16
Typische Bistro-Küche mit langer Familientradition. Seit 1927 am Platz, derzeit steht die vierte Generation am Herd. Reservierung wird empfohlen. €€

☒ Le Bistro du Fromager ➜ cD4
29, rue Benoît Bunico
Nizza
✆ 04 93 13 07 83
www.lebistrotdufromager.com
Um *fromage* – also Käse – dreht sich in diesem Bistro alles. €€

☒ Merenda ➜ cD4
4, rue Raoul Bosio, Nizza
✆ 04 93 57 36 95
www.lamerenda.net
In dem immer proppenvollen Bistro kommen Spezialitäten aus Nizza auf den Tisch. €€

☒ Casbah ➜ cC3
3, rue du Dr. Balestre, Nizza
✆ 04 93 85 58 81
lacasbah-nice.fr/de
Nordafrikanische Atmosphäre und leckere maghrebinische Küche, z.B. authentisches Couscous. €–€€

☒ Le petit Lascaris ➜ cD6
5, rue Droite, Nizza
✆ 04 93 62 93 60
Kleines Bistro-Restaurant mit Faible für Regionales, Fleisch, französische und spanische Weine. €–€€

☒ Oliviera ➜ cD5
8 bis, rue du Collet, Nizza
✆ 04 93 13 06 45
oliviera.com
Eigentlich ein uriger Olivenhandel in der Altstadt, aber auch ein authentisches Restaurant mit wenigen Tischen, an denen man die Olivenöle testen, aber auch Salate, vegetarische Lasagne, Tagliatelle mit frischem Pesto oder Fleischgerichte essen kann. €€

☒ Grand Café de Lyon ➜ cD3
33, av. Jean Médecin, Nizza
✆ 04 93 88 13 17
grandcafedelyon.eatbu.com
Traditionsreiches Café, sehr authentisch und mit viel Atmosphäre. Es gibt Frühstück, Crêpes, Salate, Sandwiches, Eis, Cocktails … €

☒ La Place Rossetti ➜ cD5
2, place Rossetti, Nizza
www.restaurant-le-rossetti-nice.com

Egal ob kleines Bistro oder edles Restaurant: Nizza bietet eine breite Auswahl an Gaststätten für alle Geschmäcker und Geldbeutel

An der Promenade des Anglais

Das nette Café öffnet bereits früh morgens und ist bis spät in die Nacht ein angenehmer Ort zum Verweilen. €–€€

🛍 Marché aux Fleurs/Marché aux Fruits et aux Légumes
➠ cE4

Cours Saleya
Nizza
Der berühmte Blumen- sowie der Obst- und Gemüsemarkt gehören zu den schönsten des Landes. Auf dem Place St-François findet früh-morgens der **Fischmarkt** statt.

🛍 Rue de France/Rue Masséna
➠ cD2/3

Fußgängerzonen mit Shops auf Normalniveau (mit Ausnahmen), teurer ist es auf der **Avenue de Verdun** ➠ cD/cE3. Wer durch die **Boutiquen** internationaler Designer bummeln will, ist in der Rue Paradis, Rue Alphonse-Karr und Rue de Longchamps richtig. In Nizza gibt es über tausend **Antiquitätenhändler**, zu finden u. a. in der Rue Ségurane und Rue Antoine-Gautier.

Süße Verführung: Nougat

🛍 L'Art Gourmand ➠ cD4
21, rue du Marché, Nizza
Schöner und vor allem süßer Laden: Schokolade, Nougat, Gebäck und noch viel mehr.

🛍 Florian Confiserie ➠ cD6
14, quai Papacino, Nizza
✆ 04 93 55 43 50
www.confiseriflorian.com
Confiserie für Leckereien wie kandierte Früchte, Pralinen und Bonbons.

🛍 La Maison Auer ➠ cE3/4
7, rue Saint-François de Paule
Nizza
✆ 04 93 85 77 98
www.maison-auer.com
Die Confiserie und Chocolaterie in ursprünglichem Ambiente von 1820 verwöhnt ihre Kunden mit kandierten Früchten, feinsten Pralinen, Fruchtpasteten …

🛍 Maison Tosello ➠ cD4
6, rue Sainte-Réparate, Nizza
✆ 04 92 00 07 79
www.maisontosello.com
Glücklich, wer einen Herd hat, denn der kann sich hier mit selbst gemachten Nudeln und Saucen eindecken.

🛍 Molinard ➠ cE4
20, rue Saint-François de Paule
Nizza
✆ 04 93 62 90 50
www.molinard.com
Die über 170 Jahre alte proven-zalische Parfümerie betreibt in Nizza eine halbmuseale Duft-boutique. Nach vorheriger Anmeldung kann man in einem Workshop, angeleitet von einer Expertin, sein ganz eigenes Parfüm kreieren.

🛍 A l'Olivier ➠ cE4
7, rue Saint-François de Paule (Marché aux Fleurs), Nizza
✆ 04 93 13 44 97
www.alolivier.com
1822 gegründet wird das Geschäft

Gesäumt von Geschäften und Restaurants: der Place Masséna in Nizza

seit mehreren Generationen mit der gleichen Liebe zur Natur geführt: Öle, Essige, eingelegte Oliven, Tapenaden und mehr.

Kaliko ➧ cD4
9, rue de la Boucherie
Nizza
℡ 04 93 13 49 22
www.facebook.com/KalikoBoutique/
Hier kann man sich recht preisgünstig komplett mit hübsch Modischem für den Strand ausstatten.

Péchés Gourmands ➧ cD5
15, place Saint-François
Nizza
℡ 04 93 62 94 66
www.peches-gourmands.fr
Süßwarenparadies in der Altstadt. Provenzalische Kekse, Nougat und wovon Leckermäuler sonst noch träumen.

Train des Pignes ➧ cA2
Gare du Sud, Av. Malaussena
Nizza
www.traindespignes.fr
Der historische »Pinienzapfenzug« fährt ab Gare du Sud auf einer abenteuerlichen, aber landschaftlich sehr reizvollen Strecke in rund vier Stunden bis nach Digne.

Feste und Events in Nizza
Gefeiert wird in Nizza das ganze Jahr. Los geht es mit dem weltberühmten **Karneval**, mit dem der Winter mit einem einzigartigen Blumenkorso auf der Promenade des Anglais verabschiedet wird.

Im **März** gibt es das **Internationale Radrennen Paris–Nizza** mit Ankunft auf der Promenade des Anglais. Im April treffen sich die Läufer zum **Halbmarathon**. Im **Juni** findet vielerorts die **Fête de la Musique** statt – wer nicht tanzt, lässt sich einfach im fröhlichen Geschehen treiben.

Die Fischer treffen sich im **Juni** zu Ehren des hl. Petrus zum **Fest des Meeres** mit Prozession und Schiffsverbrennung. Das berühmte **Jazzfestival** (www.nicejazzfest.fr) im **Juli** hat sich eine historische Kulisse ausgesucht, die Arenen und den Park von Cimiez.

Vom **Herbst bis zum Frühjahr** laden die Barockkirchen zum Festival **Vieux Nice Baroque en Musique**.

Olivenöl aus Nizza

Auf Nizzas Promenade du Paillon findet jährlich im Dezember bis Anfang Januar der Weihnachtsmarkt **Village de Noël** statt. ▪

Reiseregionen, Orte und Sehenswürdigkeiten

Der Westen von Toulon bis St-Tropez

Die Orte und Sehenswürdigkeiten sind geografisch von West nach Ost aufgeführt.

Das westliche Ende der Côte d'Azur ist im Gegensatz zum östlichen nicht unumstritten. An Stelle von Toulon könnte man auch Cassis oder das weiter östlich gelegene St-Tropez wählen, doch Toulon hat sich weitestgehend als akzeptabler Kompromiss durchgesetzt.

Die Hafenstadt ist zwar keine Schönheit, aber von regionaler Bedeutung und so etwas wie ein natürlicher Ausgangspunkt zu den nahegelegenen Küstenorten und vorgelagerten Inseln.

Der westliche Teil der »Französischen Riviera« zeigt sich zunächst eher unspektakulär, aber familienfreundlich mit weniger bekannten, aber reizvollen Orten wie Hyères, einem der ersten Erholungsorte an der Küste, Le Levandou oder Gogolin, bevor dann bei St-Tropez der glamouröse Teil der Côte d'Azur beginnt.

Toulon ➡ F1/2

Es sind nicht allzu viele Touristen, die Toulon besuchen, und denen, die kommen, macht es die knapp 180 000 Einwohner zählende Hafenstadt schon bei der Anreise nicht leicht. Beherrschen doch rechts und links der Einfallstraßen unschöne Trabantensiedlungen und Gewerbegebiete die Szenerie. Toulon fehlt es auf den ersten Blick an mediterraner Schönheit. Doch der städtische Flaneur stößt immer wieder auf charmante Ecken.

Wer einen Blick für Gegensätze und Absurditäten urbanen Hafenlebens hat, findet einen solchen Platz beispielsweise an der Rue Chevalier/Rue Victor Micholet, wo Fassadenmalerei ein ehemaliges Bordell und dessen Nachbarhaus ziert.

Yachten und Hochhäuser dominieren den Hafen von Toulon

Vor allem in der **Altstadt** mit weitläufiger Fußgängerzone, vielen Brunnen, netten Restaurants, **Oper**, geschäftiger Markthalle, **Kathedrale** und dem Place Victor Hugo zeigt sich Toulon von einer angenehmen Seite. Durch die Altstadt – im 19. Jahrhundert galt Toulon wegen der stattlichen Anzahl von 203 Brunnen als »Stadt der Brunnen« – führt der **Circuit touristique**, ein ausgeschilderter Stadtrundgang.

Bereits im 16. Jahrhundert wurde der traditionsreiche Marinestandort von Ludwig XII. zum Militärhafen ausgebaut. Hier begann übrigens der Aufstieg von Napoléon Bonaparte, der im Dezember 1793 den wichtigen französischen Hafen von der englischen Besatzung befreite und aufgrund dieses Sieges zum General befördert wurde.

Eine Sünde der 1970er Jahre ist die Bebauung an der **Hafenpromenade**. In Augenhöhe sieht eigentlich alles ganz normal aus: die üblichen Restaurants, Bars, Snack-Cafés und Souvenirshops wechseln einander mit schöner Regelmäßigkeit ab, davor promeniert die Jugend. Doch wandert der Blick nach oben, traut man seinen Augen nicht. Die schnuckeligen Bars und Cafés befinden sich in einem etwa 600 Meter langen, siebenstöckigen Plattenbauriegel, der den Hafen komplett von der Altstadt abtrennt. Dennoch sitzt es sich in den Hafencafés bei *Moules Frites* und Blick auf die Bucht recht angenehm.

ℹ️ Office de Tourisme ➡ F1
12, place Louis Blanc, 83000 Toulon
℃ 04 94 18 53 00
www.toulontourisme.com
Es gibt einen Toulon City Pass 24 h. Er beinhaltet kostenlosen Eintritt zum Marinemuseum, die Fahrt mit der Seilbahn auf den Mont Faron, eine Bootstour und Vergünstigungen in Geschäften.

Das Opernhaus in Toulon

🚇 Nahverkehrsnetz
www.reseaumistral.com
In Toulon gibt es für das Nahverkehrsnetz eine **Tageskarte** für die unbegrenzte Nutzung von Bussen und Schiffen, in der auch eine Hin- und Rückfahrt mit der Kabinenbahn Téléphérique du Mont Faron eingeschlossen ist.

🏛 Hôtel des Arts ➡ F1
236, bd. Général Leclerc, Toulon
℃ 04 94 93 37 90
www.hda-tpm.fr
Das Haus stammt aus dem 19. Jh., die Kunst – Malerei, Skulpturen und Fotos – aus der zweiten Hälfte des 20. Jh. bis heute.

🏛 Maison de la Photographie ➡ F1
Rue Nicolas Laugier, Place du Globe, Toulon
℃ 04 94 93 07 59
Das 2002 eröffnete Haus zeigt 400 Werke, die wichtige internationale Strömungen der Fotografie beeinflusst haben, und bietet jungen Künstlern Ausstellungsmöglichkeiten.

🏛 Musée d'Art ➡ F1
113, bd. Général Leclerc, Toulon
℃ 04 94 36 81 15
Der Bau von 1887 im italienischen Renaissancestil beherbergt eine Sammlung provenzalischer Maler des 17.–20. Jh. und darüber hinaus zeitgenössische Künstler des neuen Realismus wie Yves Klein, Arman und Christo und Minimalisten wie Don Judd oder Sol Lewitt. Bedeutend ist auch

Auf dem Markt von Toulon

die fotografische Sammlung mit Cartier-Bresson, Cauton u.a.

🏛 Musée départemental du Var ➡ F1

607, chemin du Jonquet, Toulon
☎ 04 83 95 44 20
museum.var.fr
Naturwissenschaftliche Sammlung zur Region Var von Ammoniten über Dinosauriergelege bis zu aktuell in der Region lebenden Tieren.

🏛 Musée d'Histoire de Toulon et sa Région ➡ F1

10, rue Saint-Andrieu, Toulon
☎ 04 94 62 11 07
Erinnerungsstücke erzählen die Geschichte von Toulon und der Region.

🏛 Musée Jean Aicard/Paulin Bertrand ➡ F2

705, av. du 8 Mai 1945
Toulon-La Garde
☎ 04 94 14 33 78
Außerhalb des Zentrums taucht man in den Alltag des provenzalischen Poeten Jean Aicard ein. Büro und Bibliothek sind mit persönlichen Gegenständen bestückt, außerdem Werke des Malerfreunds Paulin Bertrand. Das Museum widmet sich auch dem orientalischen Zeitgeschmack des ausgehenden 19. Jh.

🏛🐟 Musée National de la Marine ➡ F1

Place Monsenergue
Quai de Norfolk, Toulon
☎ 04 22 42 02 01
www.musee-marine.fr/toulon
Unter den Schiffsmodellen sind zwei spektakuläre, ca. 5 m lange Exponate, außerdem Galionsfiguren, Gemälde und Karten. Der Glockenturm auf dem Arsenal-Gelände läutete einst zu Beginn und Ende der Arbeitszeit.

👁 Cathédrale Ste-Marie-de-la-Seds ➡ F1

55, place da la Cathédrale, Toulon
Romanische Kirche aus dem 17. Jh. mit klassischer Fassade, barocken Details, massivem Turm mit schmiedeeisernem Glockenturmaufsatz und gotischem Inneren.

👁 Le Bateau sculpture ➡ F1

Place Vatel, Traverse des Capucines, Toulon
Aus der Wand eines Wohnhauses ragt ein Schiffsbug: der originalgetreue Nachbau eines königlichen Schiffs aus dem 17. Jh. Das Neptun-Original befindet sich im Musée de la Marine.

👁🎭 Opéra ➡ F1

Bd. de Strasbourg, Toulon
☎ 04 94 93 03 76
www.operadetoulon.fr
Der schöne Bau des Théâtre Municipal von 1862, der größten Oper der Region, ist bekannt für seine hervorragende Akustik. Die Statuen an der prächtigen Fassade symbolisieren Tragödie und Komödie. Das Innere zeigt sich im puren Stil Napoléons III.: in Rot und Gold gehalten, bestückt mit Bildern, Stuck und Bronze.

👁🚠🎿 Téléphérique du Mont Faron ➡ F1

Einstieg Bd. Amiral Vence (nördl. des Zentrums), Toulon
Buslinie 40, Haltestelle »Téléphérique«

☎ 04 94 92 68 25
www.telepherique-faron.fr
584 m ist Toulons Kalksteinberg
Mont Faron hoch. Er ist zwar nicht
die höchste Erhebung an der Mittelmeerküste, aber die einzige
mit Seilbahn und bietet einen
weiten Blick auf die Bucht und
das Hinterland sowie markierte
Wanderwege. Einen kleinen Zoo
mit Raubtierzucht gibt es auf dem
Gipfel auch. Kein Seilbahnverkehr
bei starkem Wind.

✕ **Moules et Frites**
Kulinarischer Promenadenrenner:
Moules Frites (Muscheln mit Pom-
mes frites). Fast jedes Restaurant
bietet die Schalentiere in etlichen
Varianten an, z. B. mit Safran, Cur-
ry oder Weißwein.

✕ **Au Sourd** ➡ F1
10, rue Molière, Toulon
☎ 04 94 92 28 52
restaurantausourd.fr
Seit 1862 eine Institution gegenüber der Oper mit gutten Meeresfrüchten und Fisch. €€–€€€

✕ **Green Bagel Café** ➡ F1
7, rue Jean Aicard, Toulon
☎ 09 75 99 87 02
Den kleinen Hunger zwischen-
durch kann man mit Bagels, Sa-
laten und anderem in netter At-
moshäre stillen. €

✕ **Brioche Dorée** ➡ F1
8, place Amiral Victor Sénés
Toulon
☎ 04 94 62 94 42
Filiale einer Kette von Kaffee- und
Gebäckshops. An einem hübschen
Altstadtplatz gelegen ist es eine
gute Frühstücksadresse. €

✕ **Arper Le Chamo** ➡ F1
Place Noël Blache, Toulon
☎ 04 94 93 14 37
Café mit hübscher Terrasse – Spe-
zialität sind Maxi-Schokoladen-
brot und Maxi-Croissants –, es
gibt aber auch Sandwiches und

alkoholfreie Getränke, und zwar
rund um die Uhr, 365 Tage im
Jahr. €

👜 **Le Fêtard** ➡ F2
93, av. Franklin Roosevelt, Toulon
☎ 04 94 42 52 60
www.lefetard.com
Auf einer Fläche von 300 m² alles
fürs richtige Outfit zum Karneval
in Nizza oder für Halloween.

👜 **Galeries Lafayette** ➡ F1
9, bd. de Strasbourg, Toulon
☎ 04 94 22 39 71
www.galerieslafayette.com
Auch in Toulon hat das bekannte
Kaufhaus eine Filiale.

🚢 **Hafenrundfahrten** ➡ F1
Ganzjährig, Dauer ca. 1 Std.
Außerdem Ausflugsschiffe und Li-
nienverkehr nach St-Mandrier, Sa-
blettes, Tamaris, Le Seyne. Andere
Boote machen Ganztagestouren
zur Île de Porquerolles.

🎵🎭 **Feste**
Festival Présences Féminines,
Konzerte, Frauenfiguren in der
Geschichte, März
Festival Design Parade, Internati-
onales Festival für Innenarchitek-
tur, Ende Juni–Ende Okt.
Jazz à Toulon, Juli
**International Maritime, Explora-
tion and Environment Film Festi-
val**, Dez.

*Auf den Mont Faron führt die ein-
zige Seilbahn an der Côte d'Azur*

Ausflugsziel:

⊙ 🏛 **Minenmuseum von Cap Garonne** ➡ G2
1000, chemin de Baou Rouge
83220 Le Pradet
✆ 04 94 08 32 46
In dem kleinen Städtchen Le Pradet, 9 km östlich von Toulon wurden in einer alten Kupfermine am Cap Garonne, einer der schönsten Mineralfundstätten der Welt, ein eindrucksvolles Bergbaumuseum und eine Mineralienausstellung eingerichtet.

1862 begannen italienische Bergarbeiter Erz aus der Grube zu fördern, der Kupfergehalt war gering und alle Versuche, die Mine wirtschaftlich zu betreiben, schlugen fehl. 1917 wurde der Betrieb eingestellt. Nach Sicherungsarbeiten wurden Räume und Stollen befestigt und 1994 das Museum eingeweiht. Vom Gipfel bietet sich ein großartiger Blick auf die Iles d'Hyères.

Hyères ➡ F/G2/3
Obwohl kein klassischer Strand- und Badeort entwickelte sich das einige Kilometer von der Küste entfernt gelegene Hyères (54 000 Einw.) bereits im frühen 19. Jahrhundert zum beliebten Erholungsort der damaligen Society. Adel, Künstler und Industrielle tummelten sich hier, aber nicht

Das Château d'Hyères

im Sommer, wie man heutzutage annehmen würde, sondern im Winter.

Zu verdanken hatte das Städtchen mit der verschachtelten Altstadt seinen Ruhm dem milden Klima, der üppigen Vegetation – man schmückt sich gern ob der vielen Palmen mit dem Beinamen *Les Palmiers* – und den reizenden Îles d'Hyères vor der Küste. Prächtige Villen und das renovierte Kasino stammen aus jener glanzvollen Zeit. Doch bereits gegen Ende des 19. Jahrhunderts – der Begriff Côte d'Azur wurde gerade erfunden – liefen Nizza und Cannes Hyères den Rang als beliebtestes Winterdomizil ab.

Die **Îles d'Hyères** ➡ G3/4 mit den Inseln **Levant, Port-Cros** und **Porquerolles** begeisterten damals wie heute Naturliebhaber mit ihrer außergewöhnlichen Tier- und Pflanzenwelt. Windsurfer nutzen den kräftig wehenden Mistral an den Stränden der vorgelagerten Halbinsel **Presqu'île de Giens**.

Neben Stränden und Inseln gibt es in der Stadt einige Sehenswürdigkeiten wie den **Templer-Turm**, die **Stiftskirche St-Paul**, die **Kirche St-Louis**, das im Parc St-Bernard auf dem höchsten Punkt der Stadt (Aussicht!) gelegene **Château** und die avantgardistische, deutlich vom Kubismus geprägte **Villa de Noailles**. Der Architekt Robert Mallet-Stevens hat sie 1924–33 erbaut, Luis Buñuel wählte die Villa als Schauplatz seines skandalträchtigen Films »Das goldene Zeitalter«.

ℹ **Office de Tourisme** ➡ F2/3
16, av. de Belgique, Rotonde du Park Hôtel, 83400 Hyères
✆ 04 94 01 84 50
www.hyeres-tourisme.com
www.porquerolles.com

⊙ 🏖 **Château d'Hyères** ➡ F3
433, rue St Pierre, Hyères
Ein paar Ruinen des alten Schlos-

Die Île de Porquerolles, die größte der drei Inseln von Hyères, lässt sich am besten per Fahrrad erkunden

ses aus der ersten Hälfte des 11. Jh. stehen noch. Vor allem der Ausblick auf die Stadt und bis zu den Inseln ist fantastisch!

🔵 Villa Noailles ➡ F3
Montée de Noailles, Hyères
✆ 04 98 08 01 98
villanoailles.com
Die kubistische 40-Zimmer-Villa war der erste Bau moderner Architektur in Frankreich und zwischenzeitlich stark sanierungsbedürftig. Ein Teil der Räume wurde inzwischen restauriert. Regelmäßige Ausstellungen ermöglichen den Zugang.

❎ La Colombe ➡ F2
663, route de Toulon La Bayorre
Hyères
✆ 04 94 35 35 16
www.restaurantlacolombe.com
Tartar vom Krebs mit *Crisby*-Gemüse oder Hummer-Ravioli in einer Anis-Sauce: Das La Colombe ist längst kein Geheimtipp mehr.
€€–€€€

❎ Le Bistro des Templiers ➡ F3
1, rue du Temple, Hyères
✆ 06 28 69 17 52, www.facebook.com/Bistrolestempliers/
Im Zentrum von Hyères am oberen Ende des Place des Templiers.

Auf der schönen Terrasse des familiären Bistros kann man unter Olivenbäumen speisen. €€

❎ Le Poisson Rouge ➡ G2/3
Route du Port du Niel
Giens-Hyères
✆ 04 94 58 92 33
www.restaurantlepoissonrouge.fr
Beliebtes Restaurant bei Giens direkt am Meer. €€

🎲❎🍸🛏 Casino des Palmiers ➡ F3
1, av. Ambroise Thomas, Hyères
✆ 04 26 85 07 67
www.hotelcasinohyeres.fr
Das prachtvolle restaurierte Kasino ist so etwas wie der gesellschaftliche Mittelpunkt des Palmenstädtchens. Neben den üblichen Glücksspielvarianten von Black Jack bis Roulette gibt es Restaurants und Bars sowie ein luxuriöses, kleines Hotel.

📸 Festival International de Mode et de Photographie ➡ F3
Villa Noailles, Hyères
villanoailles.com/festivals
Mitte Okt.
Das Festival bietet jungen internationalen Modedesignern und Fotografen eine Möglichkeiten, sich zu präsentieren.

Die Corniche des Maures zwischen Le Lavandou und Cavalière

Ausflugsziel:

🏛 **Site archéologique d'Olbia – L'Almanarre** ➜ G2
3204, route de l'Almanarre, von Hyères aus D559 Richtung Carqueiranne oder Buslinie 39 ab Busbahnhof
☎ 04 94 65 51 49
www.hyeres.fr/site-olbia
Auf einer kleinen Anhöhe am Meer liegt die von den Griechen im 4. Jh. v. Chr. gegründete Seehandels- und Festungsstadt Olbia, die einzige erhaltene Stätte ihrer Art an der Mittelmeerküste. Römische und griechische Spuren wie Thermen, Kultstätten und Wohnhäuser können erkundet werden.

Auch die Überreste einer mittelalterlichen Abtei, Saint-Pierre d'Almanarre, wurden auf dem Gelände entdeckt.

Îles d'Hyères ➜ G3/4
Die ❷ **Île de Porquerolles** ist die größte der drei Inseln, hier gibt es Hotels, Restaurants und Geschäfte. Sie misst sieben Kilometer in der Breite und 2,5 Kilometer in der Länge.

Das Eiland präsentiert sich mit großen Kiefernwäldern und Eukalyptusbäumen und einer wilden Küste. Man erkundet die Insel am besten zu Fuß oder mit dem Rad, es gibt ein 50 Kilometer langes Wegenetz und am Hafen mehrere Fahrradverleihstationen. Zum ausgiebigen Baden laden feine, helle Strände und glasklares Wasser ein.

Man kann die um 1850 erbaute Militärkirche besuchen, sich eine interessante Ausstellung über die Geschichte der Insel im **Fort Ste-Agathe** aus dem 16. Jahrhundert ansehen oder durch den reizvoll angelegten **Jardin Emmanuel Lopez** flanieren und relaxen.

Mit vier mal 2,5 Kilometern ist die **Île de Port-Cros** ➜ G4 die kleinste der drei Inseln, aber zugleich die bergreichste und wildeste. 194 Meter ist der **Mont Vinaigre** hoch und der kleine Hauptort wirkt wie ein Freibeuternest.

An der Küste ragen fast überall Klippen steil in die Höhe. Sonnenhungrige und Wasserratten haben die Wahl zwischen drei kleinen Stränden: Port Man, La Palud und Plage du Sud.

1963 wurde Port-Cros Europas erster Nationalpark mit einer maritimen Zone. Vor dem Strand von La Palud können Taucher auf dem ersten Unterwasserweg für Schnorchler, dem **Sentier Sous-Marin**, die faszinierende Unterwasserwelt erkunden. Wer lieber an Land bleibt, lernt die Insel am besten auf den ausgeschilderten Wanderwegen kennen, die herrliche Ausblicke bieten.

Die **Île du Levant** ➜ G4 steht im Zeichen der Freikörperkultur.

🚢 Regelmäßige **Fährverbindungen** bestehen zu allen drei Inseln ab Hyères.

🍷 **Domaine de la Courtade** ➜ G3
Île de Porquerolles
☎ 04 94 58 31 44
www.lacourtade.com
Produziert Côtes-de-Provence-AOC-Weine rosé, rot und weiß.

🍷 **Domaine de l'Île** ➜ G3
Île de Porquerolles
☎ 04 98 04 62 30
www.domainedelile.com
Die Côte-de-Provence-Weine des Familienweinguts (seit 1910) gibt es im Ort zu kaufen.

🤿 **Porquerolles plongée** ➜ G3
Zone Artisanale n°7
Île de Porquerolles
☎ 04 98 04 62 22
www.porquerollesdiving.com
Tauchschule für Anfänger bis Fortgeschrittene.

Le Lavandou ➜ F4

Zwischen Le Lavandou – der Name leitet sich von Lavendel ab – und Cavalière verläuft die Corniche des Maures. Entlang der Küstenstraße reiht sich ein ausgezeichneter Strand an den anderen. Kein Wunder, dass der ehemals kleine Fischerhafen zum beliebten Badeort mit jährlich 100 000 Urlaubern avancierte, inklusive einer touristischen Infrastruktur von Ferienwohnungen über den Yachthafen bis zur belebten Pro-

menade. Doch erfreulicherweise sind auch einige alte Gassen erhalten geblieben.

Le Lavandou hat 13 Brunnen mit jeweils eigenen Namen, wie La Fontaine de Belle Source – den »Brunnen der schönen Quelle« unweit der Kapelle und des Place du Romérage.

ℹ️ **Office de Tourisme** ➜ F4
La Maison du Lavandou, Quai Gabriel Péri
83980 Le Lavandou
☎ 04 94 05 80 50
www.ot-lelavandou.fr

🚢 **Fähren**
Mit den regelmäßig verkehrenden Fähren gelangt man auf die Inseln **Port-Gros**, **Levant** und **Porquerolles**.

Ausflugsziele:

✿✕ **Le Domaine du Rayol** ➜ F4
Av. Jacques Chirac
Rayol-Canadel-sur-Mer
☎ 04 98 04 44 00
www.domainedurayol.org
Der Besuch des Gartens mit über 400 Arten von Mittelmeerpflanzen ist ein Muss. An der Kasse ist eine kleine Broschüre erhältlich, mit der man die Gärten bestens erforschen kann. Im dazugehörenden Le Café des Jardiniers

Das Mimosendorf Bormes-les-Mimosas nördlich von Le Lavandou

Einst Fischerdorf, heute Urlaubs-metropole: St-Tropez

mitten im Garten kann man neu interpretierte mediterrane Gerichte auch auf der Terrasse genießen (€€).

⦿ Bormes-les-Mimosas ➡ F4

www.bormeslesmimosas.com
Der zweite Teil im Namen des beliebten Ausflugsziels nördlich von Le Lavandou erinnert an die Mimosen, die im Februar überall im Dorf in voller Blütenpracht stehen. Der Duft der Blumen begleitet den Besucher beim Spaziergang durch die gemütlichen Gässchen des mittelalterlichen Zentrums und zur Kapelle St-François-de-Paul.

Cogolin ➡ E5

»Head in the hills, feet in the water«, damit wirbt Cogolin um Touristen. Gemeint ist, dass sich das Ortsgebiet von den Ausläufern des Massif des Maures bis an den Mittelmeerstrand hinunterzieht. Im Inland liegt das alte Dorf, am Meer **Les Marines de Cogolin** ➡ E5, einer der größten Yachthäfen an der Küste, und **Port Cogolin**, ein erst unlängst gebauter Hafen mit Ferienwohnungen für Segler. Bei Marines de Cogolin gibt es auch einen familienfreundlichen Strand.

Cogolin ist eine Hochburg des Kunsthandwerks. Gleich zwei

Firmen liefern Mundstücke für Blasinstrumente in alle Welt. Teppichmanufakturen und Keramikwerkstätten sind hier ebenso angesiedelt wie eine der ältesten Pfeifenfabriken.

Auf dem kulinarischen Festkalender steht im Frühjahr die »Fête de la Cuisine« und im Herbst die »Fête au Coq«.

ℹ **Office de Tourisme** ➡ E4/5

Place de la République
83310 Cogolin
✆ 04 94 55 01 10
www.cogolin-provence.com

🏛 **Demeure Musée Sellier**

➡ E4/5
46, rue Nationale, Cogolin
✆ 04 94 54 63 28
Ausstellungen über die Geschichte der Templer im Département Var und über das Huhn, das Wappentier von Cogolin. Zum Zeitpunkt der Drucklegung wird über die Zukunft des Museums und alternative Projekte beraten.

👓 **Les Pipes Courrieu** ➡ E4/5

58, av. G. Clemenceau, Cogolin
✆ 04 94 54 63 82
www.courrieu-pipes.com/maitre_pipier_cogolin/
Willkommen in der Pfeifenfabrik!

❸ **St-Tropez** ➡ E5

Ach, was waren das für herrliche Zeiten, als Brigitte Bardot diese mythische Stadt besang! Das ist lange her, noch länger liegt der Aufstieg von St-Tropez zum Promi-Ort zurück. Er begann Ende des 19. Jahrhunderts mit Paul Signac. Der Maler entdeckte 1892 den kleinen Fischerhafen und ließ sich hier nieder, andere Künstler folgten.

Heute trifft sich in der an einer traumhaft schönen Bucht gelegenen Stadt der internationale Jetset. Die Reichen und Schönen dieser Welt stellen ihre Extravaganzen zur Schau und gehen hier auch gerne teuer shoppen. Schließlich führt beim Boutiquen-Rating der amerikanischen Mode-Bibel »WWO« St-Tropez die Top Ten der schicksten Ferienspots in Europa an, übertrumpft es doch die Konkurrenz mit rund 320 Designer- und Luxusboutiquen.

Einkaufsstraßen sind z. B. die **Rue Georges Clemenceau** und die **Rue Gambetta** ➜ eB/eC2/3. Am Hauptplatz, dem **Place des Lices** ➜ eC/eD2/3, heißt es in den zahlreichen Cafés Sehen und Gesehen werden. Wöchentlich stehen dort auch die Stände des bunten Wochenmarkts. Trotz allem ist St-Tropez ein charmanter Ort, fürs gemütliche Sightseeing sollte man allerdings frühmorgens dort sein.

Wer sich für Kultur und Geschichte interessiert, kann einen ausgedehnten Rundgang am **Alten Hafen** ➜ eB/eC1/2 beginnen mit der unübersehbaren Bronzestatue von Pierre-André de Suffren. Das **Musée de l'Annonciade** ➜ eC1 erinnert daran, dass St-Tropez einst eine Hochburg der Pointillismus-Maler war. Die Vertreter dieser Spätform des Impressionismus setzten Farbtupfen unverbunden nebeneinander. Aufgebaut wurde das Museum von dem Fabrikanten und Kunstliebhaber Georges Grammont. Er finanzierte den Umbau einer im 16. Jahrhundert erbauten Kapelle am Hafen und stellte einige Bilder seiner Privatsammlung zur Verfügung.

In der Nähe, direkt am Tourismusbüro ➜ eB2, gelangt man durch die mit Mosaiken und Marmorplatten verzierte **Porte de la Poissonnerie** in Altstadt. Über der Stadt wacht die **Zitadelle** ➜ eB/eC3/4. Den Weg hinauf lohnt das **Seefahrtsmuseums** und weil von dort das Massif des Maures wunderbar zu erkennen ist.

Einige Kilometer südlich von St-Tropez liegen die berühmten Badestände der **Baie de Pampelonne** ➜ E/F5, die zum Ortsgebiet von Ramatuelle gehören. Die Strände sind gespickt mit noblen Beachclubs, die schon mit ihrem Namen polynesisches Flair verbreiten: Tiki Beach, Moorea Plage, Pago Pago, Tahiti oder Bora Bora.

Ramatuelle ➜ F5 liegt eingebettet in Weinberge inmitten der Halbinsel St-Tropez rund fünf Kilometer von der Küste entfernt. Enge Gassen und alte, blumengeschmückte Häuser bestimmen das Aussehen dieses typischen Provence-Dorfs. Sehr malerisch ist auch das benachbarte **Gassin**.

Hier kauft man direkt vom Maler: Kunstmarkt am Hafen von St-Tropez

ℹ️ Office de Tourisme St-Tropez
➡ eB2
8, quai Jean-Jaurès
83990 St-Tropez
☎ 04 94 97 45 21
www.sainttropeztourisme.com

ℹ️ Office de Tourisme Ramatuelle ➡ F5
Place de l'Ormeau
83350 Ramatuelle
☎ 04 98 12 64 00
www.ramatuelle-tourisme.com

🏛️ Musée de l'Annonciade
➡ eC1
2, place Georges Grammont
St-Tropez
☎ 04 94 17 84 10
www.saint-tropez.fr/culture/musee-de-lannonciade/
Erbaut 1568 als Kapelle, zwischenzeitlich als Segelschneiderei, Schule und Tanzhaus genutzt, ist das Haus heute ein Museum für französische Malerei vom Ende des 19. bis Mitte des 20. Jh. mit Werken u. a. von Signac, Matisse, Cross, Derain und Marquet.

🏛️👁️ Le Musée de la Citadelle
➡ eB/eC3/4
1, montée de la Citadelle
St-Tropez
☎ 04 94 55 90 30
www.saint-tropez.fr/culture/citadelle/
1589 erbaut, befindet sich heute das Seefahrtsmuseum in der Zitadelle. Es erinnert daran, dass St-Tropez im 18. Jh. über den drittgrößten Hafen im Mittelmeer verfügte. Atemberaubende Aussicht auf St-Tropez und die Bucht.

❌📷 club l'indochine ➡ F5
Im Hotel Villa Belrose
Bd. des Crêtes, La Grande Bastide
Gassin
☎ 04 94 55 97 97
www.villa-belrose.com
Jimmy Coutel und sein Team kombinieren Haute Cuisine mit der Küche Indochinas, ergänzt mit hervorragenden Weinen. Im Pool-Restaurant Le Petit Belrose genießt man feine Snacks und dazu den schönsten Blick auf St-Tropez von der Terrasse. €€€

Nicht zu übersehen dank knallroter Einrichtung: das Café Sénéquier unweit des Hafens von St-Tropez

✗🏖 Club 55 ➜ F5
43, bd. Patch, Ramatuelle
☎ 04 94 55 55 55
www.club55.fr
In dem exklusiven Strandrestaurant lässt es sich auch die Hollywood-Prominenz gern gut gehen. Eine Legende. €€€

✗🛏 Cucina Byblos ➜ eC/eD3
27, av. du Maréchal Foch
St-Tropez
☎ 04 94 56 68 20
www.byblos.com
Italien in Frankreich – unter den Platanen auf der Terrasse des Hotel Byblos lässt man sich vom Küchenchef veredelte Klassiker der italienischen Küche schmecken: Bruschetta, Panccheri mit kandierten Ochsenbäckchen und natürlich unwiderstehliche Pasta wie Linguini vongole. €€€

✗ Sénéquier, Café de Paris und Le Gorille ➜ eC/eB2
Am Hafen, St-Tropez
Die drei konkurrieren seit Jahrzehnten um die Gunst der Promis und Touristen. Das Sénéquier hat die schönen quietschroten Stühle, das Café de Paris kein so schlechtes Sushi und Le Gorille zumindest früher Brigitte Bardot. €€

✗ Brasserie La Renaissance ➜ eD2/3
Place des Lices, St-Tropez
☎ 04 94 97 02 00
www.larenaissancesainttropez.com
Mediterrane Kleinigkeiten mit netter Bedienung; Tische und Stühle auf dem Place des Lices. €

🍷🎵 Vip Room ➜ westl. eB1
Résidence du nouveau Port
St-Tropez
☎ 06 38 83 83 83
www.viproom.fr
Von außen unscheinbar, ist der Club dennoch einer der Dauerbrenner im Nachtleben von St-Tropez.

🍮 Barbarac ➜ eC1
2, rue du Général Allard
St-Tropez
☎ 04 94 97 67 83
barbarac.fr
Cremiges Karamell-, Pecannuss-, Zitronentarte- oder Macaroneis, Cassis- oder Himbeersorbet gefällig?

🛍 Blanc Bleu ➜ eC1
1, rue du Gal. Allard, St-Tropez
☎ 04 94 97 08 01
www.blancbleu.fr
Wie auch sonst in den Blanc-Bleu-Shops: blau-weiße und andersfarbige schicke Klamotten für den Bootstrip.

🛍 La Pause Douceur ➜ eC1
11, rue du Général Allard und 21, rue Gambetta
St-Tropez
☎ 04 94 97 27 58
Der Name ist Programm: Hier kann man sich für süße Schokopausen eindecken.

🛍 Poterie Augier ➜ eC2
19, rue Georges Clemenceau
St-Tropez
☎ 04 94 97 12 55
Nette Souvenirs: Töpferwaren aus St-Tropez.

🛍 Markt ➜ eC/eD2/3
Di und Sa vormittags ist provenzalischer Markt auf der Place des Lices.

🎆 Feste
Alljährlich Mitte Mai steht in St-Tropez die **Bravade** an, dann wird die glorreiche Vergangenheit des Hafens gefeiert, der lange für den Schutz des Golfs vor Eindringlingen eine Rolle spielte.

Am 15. Juni wird an den Sieg über die spanische Flotte anno 1637 erinnert. Der **Voiles de St-Tropez** (www.lesvoilesdesainttropez.fr) Ende Sept./Anfang Okt. ist ein großartiges Segelfestival mit prächtigen Booten.

Die Mitte mit Cannes

Cannes liegt im Zentrum der Côte d'Azur. Die Stadt mit über 70 000 Einwohnern hat vor allem dank der Internationalen Filmfestspiele viel zur Berühmtheit und zum Glanz der Französischen Riviera beigetragen. Wenn die Stars und Sternchen am Palais des Festivals et des Congrès über den roten Teppich schreiten, sind die Medien weltweit live dabei. Ansonsten geht es an dem landschaftlich reizvollen Küstenabschnitt ruhiger, aber nicht gemächlich zu. Dafür sorgen beliebte Ferienorte wie St-Raphaël, Port Grimaud oder Ste-Maxime mit seinen kilometerlangen Sandstränden. Auch das hügelige Hinterland hat landschaftlich einiges zu bieten. Kulturell führt kein Weg an Frejus, dem Pompeji der Provence, mit seinen Ausgrabungen aus römischer Zeit vorbei.

Die Orte und Sehenswürdigkeiten sind geografisch von West nach Ost aufgeführt.

Mit Elektrobooten die Kanäle von Port Grimaud erkunden

Grimaud/Port Grimaud
➡ E4/5

Besser bekannt als das fünf Kilometer von der Küste entfernt gelegene mittelalterliche Dorf unterhalb einer verfallenen Burg ist seine Stranddependance **Port Grimaud** ➡ E5. Die »Klein-Venedig« oder »Venedig der Provence« genannte Feriensiedlung wurde in den 1960er Jahren an einem schönen Sandstrand erbaut, wobei der Architekt sich bemühte, provenzalische Bautradition etwa bei der Dorfkirche, aber auch bei den Ferienhäusern einfließen zu lassen.

Durchzogen ist der Ort von zahlreichen Kanälen – was Bootsbesitzern einen Liegeplatz praktisch vor der Tür garantiert –, an denen man abends an den Tischen der Restaurants und Cafés sitzt. Obwohl der am Reißbrett entworfene Urlaubsort inzwischen in die Jahre gekommen ist, hat er von seinem Charme nichts eingebüßt.

Das alte **Grimaud** ➡ E4 ist ein süßer, verwinkelter Ort, durch den Touristen gerne schlendern. Auf dem Weg nach oben kann man die Ausstellungen zahlreicher Galerien bewundern und das nette **Heimatkundemuseum** in einer alten Olivenölmühle und Korkenfabrik besuchen.

Nach vielen steilen Treppen erreicht man das **Château**, das den Ort bewacht. Das *Castrum* (Festung) wurde erstmals im 11. Jahrhundert erwähnt, das Schloss im 15. Jahrhundert. Von der Anlage, die in den Religionskriegen zerstört wurde, sind heute noch beide Türme zu sehen. Gratis und phänomenal ist der Ausblick.

ℹ **Office de Tourisme** ➡ E4
Route National 679
83310 Grimaud
✆ 04 94 55 43 83
www.grimaud-provence.com

![Blick auf Port Grimaud mit Kanälen und Booten](Port Grimaud)

Zahlreiche Kanäle machen Port Grimaud zum »Venedig der Provence«

🏛 Musée municipal des Arts et Traditions populaires ➡ E4

An der RD 558, Ecke Montée de l'Hospice, Grimaud
✆ 04 94 43 39 29
Hübsches Heimatkundemuseum mit allerlei häuslichen und landwirtschaftlichen Gerätschaften. Das Museum ist in einer ehemaligen Ölmühle aus dem 16. Jh. untergebracht und erstreckt sich über mehrere Stockwerke.

✗ Les Santons ➡ E4

743, route National, Grimaud
✆ 04 94 43 21 02
www.restaurant-les-santons.fr
Hochdekorierte provenzalische Küche, z.B. Lamm aus Sisteron und Trüffel aus dem Haute-Var. €€€

✗ L'ecurie de la Marquise ➡ E4

3, rue Gacharel, Grimaud
✆ 04 94 81 59 04
Sympathisches Restaurant mit gehobener regionaler Küche in einer kleinen ruhigen Gasse in der Altstadt, angenehme, nette Atmosphäre. €€

✗ Rialto Pizza ➡ E5

24, places des Artisans
Port Grimaud
✆ 04 94 56 38 64
Lunch und Dinner
Gute, nach traditionellen Rezepten gemachte Pizzen direkt am Kanal. Wer kann, fährt mit dem eigenen Boot vor. €€

Ste-Maxime ➡ E5

Im Golf von St-Tropez liegt der beliebte Ferienort, der im Gegensatz zu den bekannteren Hotspots an der Côte d'Azur Urlaub in einer etwas ruhigeren Umgebung und in entspannter Atmosphäre bietet.

Auf Sonnenanbeter und Wassersportler warten mehr als zehn Kilometer Sandstrände mit zahlreichen Beachclubs, Restaurants, Bars und Cafés. Hier lässt sich das Savoire-vivre bestens genießen. Einen Besuch lohnen auch die farbenfrohe Markthalle, in der die besten Produkte der Provence angeboten werden, sowie der botanische Garten.

MIttelalterliches Gässchen in Roquebrune-sur-Argens

ℹ **Office de Tourisme** ➡ E5
21, place Louise Blanc
83120 Ste-Maxime
✆ 04 94 55 75 55
www.sainte-maxime.com
Untergebracht in einem nagel-neuen, schicken Gebäude.

✿ **Parc Botanique des Myrtes**
➡ E5
Blvd. Jean Moulin, nördl. Ste-Maxime
✆ 04 94 96 64 85
Schöner mediterraner Park mit Blick auf den Golf von St-Tropez. Versammelt über 60 Pflanzen, von denen einige mehr als 100 Jahre alt sind, darunter Stein- und Korkeichen.

✗ **Restaurant Saint-Barth** ➡ E5
61, av. du Général Touzet du Vigier, Plage de la Nartelle
Ste-Maxime
✆ 04 94 96 22 73
www.saint-barth-plage.com
Schickes Strandrestaurant mit eigenem Pool, Bar und guter Fischküche. €€–€€€

✗🎵 **Mahi** ➡ E5
53, av. du Général Touzet du Vigier, Plage de la Nartelle
Ste-Maxime

✆ +33 621 92 72 43 (mobil)
www.mahiplage.fr
Ganzjährig geöffnetes Restaurant am Strand mit provenzalischer Küche, aber auch Sushi. In der Hochsaison Livemusik. €€

🏛 **Le Marché Couvert** ➡ E5
Rue Fernand Bessy, Ste-Maxime
Typische Markthalle mit den Genüssen der Provence.

Roquebrune-sur-Argens/ Les Issambres ➡ D5/E5

Roquebrune-sur-Argens blickt auf eine 1000-jährige Geschichte zurück. Das mittelterliche Dorf erhebt sich auf einem Hügel am Ufer der Argens und wird von einer mächtigen Felsformation beherrscht.

Etwas weiter südlich an der Küste liegt der dazugehörige Badeort **Les Issambres**, der mit acht Kilometern Stränden und Buchten lockt.

ℹ **Office de Tourisme** ➡ D5
12, av. Gabriel Péri
83520 Roquebrune-sur-Argens
✆ 04 94 19 89 89
www.roquebrunesurargens.fr

👁🏛 **La Maison du Chocolat et Cacao** ➡ D5
Rue de l'Hospice
Roquebrune-sur-Argens
✆ 04 94 45 42 65
In einer ehemaligen Kapelle aus dem 17. Jh. tauchen Sie ein in die Welt des Kakaos und der Schokolade von den Ursprüngen bis zur Gegenwart.

Fréjus ➡ D5/6

Das »Pompeji der Provence« ist römischen Ursprungs. Erbaut auf einem Felsplateau, beherrschte die Siedlung Forum Juli die Ebene von Argens und hatte wegen ihrer Lage an der Via Aurelia eine wichtige militär- und handelsstrategische Bedeutung als Umschlagplatz und Kriegshafen.

Die Römer hinterließen ihre Spuren mit dem **Amphitheater**, in dem bis heute Kultur- und Sportevents stattfinden, oder dem **Aquädukt**, von dem noch ein paar eindrucksvolle Überreste im Parc Aurélien stehen. Auch die **Porte d'Orée** oder das **Römische Theater**, in dessen Ruine in lauen Sommernächten während der *Nuits Auréliennes* Theater gespielt wird, gehören zum römischen Erbe.

Im Jahr 370 wurde Fréjus schließlich zum Bischofssitz erklärt. **Kathedrale, Taufkapelle** – eines der ältesten Bauwerke Galliens – und **Kreuzgang** erinnern unübersehbar im Zentrum der Altstadt daran. Enge Gassen, pastellfarbene Fassaden, Luxusstadtvillen, rauschende Brunnen und schattige Plätze machen den Charme der historischen Altstadt aus.

29 denkmalgeschützte Bauten gibt es in der Stadt. Aber auch Neues: So wurde 1989 im Stil der Badeorte zu Beginn des 20. Jahrhunderts der Hafen **Port Fréjus** erbaut. Langfristiges Ziel ist es, den neuen Hafen mit der historischen Altstadt zu verbinden und den zwischenzeitlich zugeschütteten antiken römischen Hafen wieder unter Wasser zu setzen. Im Süden des Zentrums machen die großen **Strände von St-Aygulf** und **Port Fréjus** ➡ D/E5/6 die Stadt auch für einen Badeaufenthalt interessant.

🛈 **Office de Tourisme** ➡ D6
249, rue Jean Jaurès, 83600 Fréjus
📞 04 94 51 83 83, www.frejus.fr

🏛 **Musée Archéologique** ➡ D6
Place Calvini, Fréjus
📞 04 94 52 15 78
Fundstücke der gallisch-römischen Stadtgeschichte von Denkmälern über Mosaiken bis hin zu Statuen, die bei archäologischen Ausgrabungen seit dem 19. Jh. entdeckt wurden, darunter das Wahrzeichen von Fréjus, ein doppelgesichtiger Hermes aus weißem Marmor (1. Jh.).

🏛 **Musée d'Histoire Locale** ➡ D6
153, rue Jean Jaurès, Fréjus
📞 04 94 51 64 01
Lokalgeschichte in einem alten Bürgerhaus. Das Museum bietet Einblicke in das Alltagsleben, frühere Berufe, Feste und Traditionen sowie Kunst und Keramik des 19. und 20. Jh.

◉ **Amphithéâtre** ➡ D5/6
Rue Henri Vadon, Fréjus
📞 04 94 51 34 31
Eines der ältesten Amphitheater (1. Jh.) im alten Gallien, in dem Tier- und Menschenkämpfe stattfanden.

◉ **Aqueduc** ➡ D6
An der Av. du XVe Corps und im Parc Aurélien, Fréjus
Frei zugänglich
Der Aquädukt leitete einst Flusswasser 40 km weit bis zum höchsten Punkt in Fréjus. Überreste befinden sich im Parc Aurélien mit der Villa Aurélienne. In dem im italienischen Renaissance-Stil renovierten Landsitz finden u. a. Fotoausstellungen statt.

Die Kathedrale Saint-Leonce in Fréjus aus dem 18. Jahrhundert

Im Amphitheater in Fréjus finden im Sommer noch immer Aufführungen statt

Chapelle Cocteau/Chapelle Notre Dame de Jérusalem ➡ D6

Route de Cannes, Fréjus
☏ 04 94 53 27 06
Der von Jean Cocteau (1889–1963) entworfene Bau wurde 1965 von Edouard Dermit vollendet. Die Kapelle illustriert die Themen der Passion und Auferstehung Christi. Obwohl sie erst nach Cocteaus Tod fertiggestellt wurde, bleibt sie dem grafischen Stil des Künstlers treu.

Cloître et Baptistère de la Cathédrale ➡ D6

48, rue du Cardinal Fleury, Fréjus
☏ 04 94 51 26 30

Im Bergdörfchen Seillans

www.cloitre-frejus.fr
Mittelalterliche Gebäude umgeben die Bischofsanlage (11.–14. Jh.). Die Kathedrale, die Taufkapelle aus dem 5. Jh. und der Kreuzgang stehen dort, wo Julius Cäsar 49 v. Chr. die antike Stadt gründete.

Théâtre Romain Philippe Léotard ➡ D6

Av. du Théâtre Romain, Fréjus
☏ 04 94 53 82 47
Bühnen- und Mauerringreste des römischen Theaters. Heute finden hier Veranstaltungen und Aufführungen statt.

L'Amandier ➡ D6

19, rue Desaugiers, Fréjus
☏ 04 94 53 48 77, www.restaurant-lamandier-frejus.com
Mehrfach ausgezeichnetes Restaurant mit kreativer, frischer Küche. €€–€€€

Château du Rouët ➡ D5

An der D 47, Le Muy
☏ 04 94 99 21 10
www.chateau-du-rouet.com
Interessantes Weingut mit Côtes-de-Provence-Weinen im Hinterland von Fréjus. Verschiedene Übernachtungsmöglichkeiten.

🚴🏊 Roc d'Azur

www.rocazur.com

Eines der weltweit wichtigsten Mountainbike-Rennen wird im Oktober auf dem Freizeitgelände Base Nature gestartet (70, 120 und 140 km).

🏊 Bravade

Am dritten Sonntag nach Ostern wird in der Altstadt die Bravade (Prozession, Spektakel) zu Ehren des Schutzheiligen der Stadt, François de Paule, gefeiert.

Ausflugsziele:

📷📷 Das Hinterland, **Pays de Fayence** ➡ C5, bietet mittelalterliche Dörfer, die hoch oben am Fels zu kleben scheinen. Beim Bummel durch **Mons** fallen die *pontis* auf, Brücken, die die erste Etage der Häuser miteinander verbinden. **Seillans** Gebäude erstrahlen in allen Ockerschattierungen. Zum Schloss und zur alten Stadtbefestigung führen feldsteingepflasterte Gassen, sehenswert ist die Kapelle Notre-Dame de l'Ormeau.

Von Fréjus, von der Pointe l'Arpillon, wandert man Richtung Süden in drei Stunden zum Hafen von **St-Aygulf** ➡ E5.

St-Raphaël ➡ D6

Bis Ende des 19. Jahrhunderts war St-Raphaël ein einfaches Fischerdorf. Nach 1864, mit dem Anschluss an die Eisenbahn, entwickelte es sich langsam zum aufsteigenden Badeort. In der Vergangenheit besuchten Victor Hugo, Alexandre Dumas und Guy de Maupassant St-Raphaël. Neben einem alten Hafen gibt es ein mittelalterliches Zentrum mit engen Gassen und der romanischen **Église des Templiers**.

Im 20. Jahrhundert wandelte sich die Stadt, in der heute rund 30 000 Menschen leben, immer stärker zu einem mondänen Badeort.

Inzwischen hat sie Fréjus als Urlaubsdestination ein wenig den Rang abgelaufen. Hauptsächlich machen Franzosen an den über 30 Stränden Urlaub, z. B. in der **Bucht von Agay**. Reichlich Liegeplätze für Yachten, eine quirlige Promenade, gute Sport- und Wassersportmöglichkeiten sowie ein lebhaftes Nachtleben lassen in St-Raphaël keine Langeweile aufkommen.

ℹ️ **Office de Tourisme** ➡ D6
99, quai Albert 1er

Palmen und Sandstrand direkt an der Stadt: der Badeort St-Raphaël

83702 St-Raphaël
☎ 04 94 19 52 52
www.saint-raphael.com
Führungen durch St-Raphaël:
vom mittelalterlichen Fischerdorf zur eleganten Belle-Époque-
Seeresidenz. Außerdem weitere
Thementouren.

🏛 🐚 Musée archéologique de St-Raphaël ➡ D6

Parvis de la Vieille Église
St-Raphaël
☎ 04 94 19 25 75
In einem historischen Altstadt-
gebäude und der angrenzenden
romanischen Kirche unterge-
brachtes Museum mit prähistorischen Funden, Stücken aus
gallisch-romanischer Zeit und
einer stattlichen Sammlung antiker Amphoren, die aus römischen
Schiffswracks geborgen wurden.
Zudem wechselnde Ausstellungen.

☒ L'Excelsior ➡ D6

Promenade du Président René Coty
St-Raphaël
☎ 04 94 95 02 42
www.excelsior-hotel.com
Elegantes Gourmetrestaurant im
Hotel Excelsior mit Terrasse und
Meerblick. Der Küchenchef lässt
sich jeden Tag auf dem Bauern-
markt von frischem Obst und
Gemüse und vom Tagesfang der
Fischer inspirieren. €€–€€€

☒ La Brasserie Tradition et Gourmandise ➡ D6

6, av. de Valescure, St-Raphaël
☎ 04 94 95 25 00
www.labrasserietg.fr
Empfehlenswertes Spitzenrestau-
rant mit saisonaler Küche in provenzalischem Ambiente. €€–€€€

☒ Le Pili Pili ➡ D6

Port Santa Lucia, St-Raphaël
☎ 04 94 83 82 49
Farbenfrohes Restaurant mit einem Faible für Fisch und Carpac-
cio. €€–€€€

👥 Märkte ➡ D6

Mi morgens Wochenmarkt am
Place Gianetti. Im Juli und August wird abends an der Promenade R. Coty der Nachtmarkt
veranstaltet.

🎆 Feste

Im Juli und August finden das
Theaterfestival Les Nuits Auréliennes im Théâtre Romain in
Fréjus und Les Nuits de Port-Fréjus
mit Feuerwerk statt, im Oktober
steigt das Drachenfestival Festival
International de l'Air.

Ausblick vom Massif d'Estérel

Flanieren zwischen Palmen am Prachtboulevard La Croisette in Cannes

Ausflugsziele:

◉ Corniche d'Or ➡ D6/7

Von St-Raphaël führt eine der schönsten Küstenstraßen, die Corniche d'Or, über 30 km Länge entlang dem Massif d'Estérel nach Norden in Richtung Cannes.

✈ Segelflugzentrum Fayence-Tourettes ➡ C5

Fayence
☎ 04 94 76 00 68
www.aapca.net
Im Hinterland von St-Raphaël liegt beim hübschen Dorf Fayence der wohl größte Segelflugplatz Europas. Auch Kurse.

⚐ Golfplatz Cap Estérel ➡ D6

RN 98, Camp Long Agay
☎ 04 94 82 55 00
golfcapesterel.fr
Golfer zieht es hierher, weil die Spielbahnen einen wunderbaren Blick auf die Bucht von Sagay bieten.

⚑ Wanderweg

Vom **Port Santa Lucia** bis zum Strand von **La Baumette** führt ein 8,5 km langer Wanderweg. Der Leuchtturm von La Baumette ist nach ca. 2,5 Stunden erreicht, retour nach St-Raphaël kann man den Bus (Linie 8, Haltestellen entlang dem Spazierweg) oder den Zug nehmen.

Cannes ➡ C/D7

Die Stadt der Stars und der Internationalen Filmfestspiele ist einmal im Jahr in den Medien, wenn weltbekannte Film- und Showgrößen ebenso wie leicht bekleidete Models auf dem roten Teppich posieren. Weniger bekannt ist, dass Cannes auch das Winter-Rentnerparadies der Pariser ist. Für den Aufschwung in Cannes ist in erster Linie Lord Brougham verantwortlich. Anno 1834 wollte er eigentlich nach Nizza, das war aber wegen einer Cholera-Epidemie unmöglich. So hielt er in einem Fischerdorf an: Cannes. Seinem Beispiel folgten später viele englische Aristokraten, russische Prinzessinnen, Maler und Schriftsteller.

Einen Großteil seiner Popularität verdankt Cannes aber auch seiner bevorzugten Lage an der weiten, offenen Bucht mit den beiden **Lérins-Inseln**, die von der Spitze des alten Hafens mit Fähren zu erreichen sind. Parallel zur Bucht verläuft die Prachtmeile **❹ La Croisette** ➡ aB4–aE7, Bummelboulevard für Bus- wie Yachttouristen, die alle etwas vom Glanz und Glamour abbekommen möchten.

An der Promenade finden sich Luxushotels wie das Carlton und das Hilton Noga, Edelboutiquen von Chanel bis Cartier und Nobelrestaurants. Am schmalen Strandabschnitt davor sind die Beachclubs Treffpunkt der betuchten Klientel. Die meisten gehören zu den Hotels, öffentlicher Strandraum ist knapp.

Am westlichen Ende der Croisette liegt **Palais des Festivals** ➡ aB4 mit dem Office de Tourisme, wo nicht nur alljährlich die Filmfestspiele, sondern auch Messen und Ausstellungen stattfinden. Mehr als 140 Filmstars haben ihre Handabdrücke im Beton der *Allée des Stars* hinterlassen.

Weiter gelangt man zum **Vieux Port**, dem Alten Hafen. Oberhalb erstreckt sich den Hügel hinauf die **Altstadt Le Suquet** mit einigen netten Ecken. So lohnt beim Weg vom **Musée de la Castre/Musée des Exploration du Monde** ➡ aB3 und **Notre-Dame de l'Espérance** hinab zum alten Hafen ein Umweg über die **Rue Meynadier** ➡ aB3 und den **Markt Forville**, eine Institution in der Stadt, mit frischem Fisch, Obst, Gemüse und Blumen.

ⓘ Office de Tourisme ➡ aB4
Palais des Festivals
La Croisette
06400 Cannes
☎ 04 92 99 84 22
www.cannes-france.com
Mi und So (sofern keine Veranstaltungen) bietet das Infobüro Führungen durch den Palais des Festivals.

🏛 Centre d'Art La Malmaison
➡ aB5
47, La Croisette, Cannes
☎ 04 97 06 45 21
www.cannes.com/en/museums-arts/centre-d-art-la-malmaison.html
Einst gehörte die klassizistische Villa zum Grand Hôtel, heute zeigt das Musée d'Art Moderne im Erdgeschoss wechselnde Ausstellungen.

🏛 Chapelle Bellini ➡ nördl. aA6
Parc Fiorentina
67 bis, av. de Vallauris, Cannes
☎ 04 93 38 61 80, www.facebook.com/ChapelleBellini
Der Maler Emmanuel Bellini hatte sich ein besonderes Atelier zugelegt, eine Kapelle. Heute ist sie Museum und zeigt seine Karikaturen und Zeichnungen.

🏛 Musée de la Castre /Musée des Exploration du Monde ➡ aB3
Le Suquet, Cannes
☎ 04 89 82 26 26
In der Halbruine eines mittelalterlichen Schlosses werden kulturgeschichtliche Exponate aus aller Welt, provenzalische Malerei aus dem 19. Jh. und lokale Kunst gezeigt. Allein der Blick von hier oben auf die Stadt lohnt.

Der Vieux Port, der Alte Hafen von Cannes

Internationale Filmfestspiele in Cannes

1946 fanden die ersten Filmfestspiele in Cannes statt, seit 1955 erhält der beste Film die Goldene Palme. Heute ist das Festival, das alljährlich an zehn Tagen Anfang Mai stattfindet, weltweit eines der prestigeträchtigsten, 1983 wurde dafür das Palais des Festival et des Congrès gebaut.

Warten auf die Stars vor dem Palais des Festivals et des Congrès

Für jeden der jährlich stattfindenden Wettbewerbe wird eine neue internationale Jury aus Regisseuren, Schauspielern und anderen Filmschaffenden zusammengestellt, die neben der Goldenen Palme, weitere Preise in Einzelkategorien wie beste Schauspielerin, bester Schauspieler, Regie und Drehbuch vergibt.

Als Jurypräsidenten fungierten in den letzten Jahren Sean Penn (2008), Isabelle Huppert (2009), Tim Burton (2010), Ethan und Joel Coen (2015, 2016 George Miller , 2017 Pedro Almodóvar, 2018 Cate Blanchett, 2021 Spike Lee und 2022 Vincent Lindon. Bedeutende Preisträger waren François Truffaut oder Jean Marais; bei den 50. Filmfestspielen 1997 wurde Ingmar Bergman mit der »Palme der Palme« geehrt.

Zwei Mal, 2009 und 2012, erhielt Michael Haneke für seine Filme »Das weiße Band« und »Amour« die Goldene Palme, andere ausgezeichnete Filme waren beispielsweise »Lügen und Geheimnisse« von Mike Leigh, »Der Pianist« von Roman Polánski oder »Blau ist eine warme Farbe« von Abdellatif Kechiche. 2016 ging der Preis wie schon einmal 2006 an einen Film von Ken Loach: »Daniel Blake«, 2019 an den Film »Parasite« des südkoreanischen Regisseur Hong Sang-soo. Die 75. Filmfestspiele 2022 standen zum neunten und letzten Mal unter der Leitung von Präsident Pierre Lescure und der künstlerischen Leitung von Thierry Frémaux.

⊠ **La Palme d'Or** ➜ aC6
Im Hotel Martinez
73, La Croisette, Cannes
☏ 04 92 98 74 14
www.lapalmedor-restaurant.fr
Seit 2001 kocht Christian Sinicropi im mit zwei Michelin-Sternen gekrönten Gourmetrestaurant La Palme d'Or, seit 2007 ist er Executive-Chef aller Restaurants im Hotel Martinez. Vielleicht trifft man auch einen Star. €€€

⊠ **Aux Bon Enfants** ➜ aB3
80, rue Meynadier, Cannes
☏ 618 81 37 47
aux-bons-enfants-cannes.com

Ein beliebtes Bistrorestaurant, das seit 1935 existiert, mit traditioneller, französischer und speziell provenzalischer Küche wie Artischocken-Terrine oder Hase in Rosmarin. €€

⊠ **La Pizza Cresci** ➜ aB3
3, quai Saint-Pierre, Cannes
☏ 04 93 39 22
www.pizza-cresci-cannes.com
Francis Crespi war ein großer Kino-Fan und eröffnete 1960 am Alten Hafen sein Restaurant. Neben der berühmten Pizza aus dem Holzofen gibt es Pasta, Salate, Fisch, hausgemachte Desserts und Eis. €€

Die Trutzburg der Mönche auf der Île St-Honorat

🖳✕◫ **Quai St-Pierre** ➡ aB/aC3
Mehrere preisgünstige Cafés und Restaurants und einen Irish Pub gibt es am Anfang der Croisette, an der westlichen Seite des Hafens.

🎁 **Jeff de Bruges** ➡ aB4
21–23, rue des Serbes, Cannes
✆ 04 93 39 11 62
www.jeff-de-bruges.com
Die für die Kuvertüre verwendeten Kakaobohnen stammen von eigenen Plantagen in Ecuador. Köstliche Schokolade und ebensolches Eis.

🎁 **Lenôtre** ➡ aB5
63, rue d'Antibes, Cannes
✆ 04 97 06 67 67
Der französische Top-Bäcker hat

Die Klosteranlagen auf St-Honorat

auch ein Café und einen Gourmetshop in Cannes.

🎁 **Christian Camprini** ➡ aB5
3, rue Fontaine, Cannes
✆ 04 93 30 20 90
christian-camprini.fr
Christian Camprini teilt seine Leidenschaft für Schokolade mit seinen Kunden – von klassischer Milch- oder Zartbitterschokolade bis zu Trüffeln oder Schokolade mit Fruchtfüllung. Aber auch Tartes, Macarons, Eis, Konfitüren …

🎬 **Internationales Filmfestival**
Alljährlich im Mai
www.festival-cannes.com
2023 findet das Festival zum 76. Mal statt. Siehe Kasten S. 43.

Ausflugsziel:

👁 **Théoule-sur-Mer** ➡ D7
Zu einem erholsamen Tag am Strand lädt der kleine Badeort rund zehn Kilometer südwestlich von Cannes ein. Es gibt schöne Sandstrände, Wassersportmöglichkeiten (Windsurfen, Katamaran, Wakeboarden) sowie zahlreiche Restaurants, teils direkt am Meer. Besonders lebhaft geht es rund um den ehemaligen Fischereihafen zu.

Îles de Lérins ➡ D7
Die beiden kleinen, in der Bucht von Cannes gelegenen Inseln sind ein beliebtes Ausflugsziel und per Boot in zehn Minuten von Cannes aus zu erreichen. Das größere und bekanntere Eiland ist **Ste-Marguerite**, das kleinere heißt **St-Honorat**.
Auf Ste-Marguerite wurde 1685 das **Fort Royal** als berüchtigtes Gefängnis eingerichtet. Es hatte einen berühmten Insassen: den »Mann mit der eisernen Maske«. Allerdings ist bis heute ungeklärt, wer der Gefangene wirklich gewesen ist. Die Zelle, in der man

ihn gefangen hielt, existiert noch. Im Fort kann man das **Musée du Masque de Fer et du Fort Royal** mit seinen archäologischen Funden vom Meeresgrund besichtigen.

Auf der Île Ste-Marguerite gibt es einen botanischen Lehrpfad und die Insel hat noch viele Pinien- und Eukalyptusbäume vorzuweisen. Sie ist daher bei Naturfreunden sehr beliebt, während ihre Schwesterinsel **St-Honorat** wegen der **Klosteranlagen** bei Kulturfans als Ausflugsziel vorne liegt. Die 410 vom hl. Honoratius gegründete Abtei war im 5. und 6. Jahrhundert eine christliche Hochburg. Nach Plünderungen und Zerstörung wurde sie 1869 wieder aufgebaut.

Bis heute leben hier Zisterziensermönche; das Kloster kann besichtigt werden. Noch interessanter als die romanische Klosterkirche ist die Trutzburg der Mönche, **Monastère Fortifié de St-Honorat**.

Bekannt in ganz Frankreich ist der **Lérina**, ein Kräuterlikör, dessen geheimnisvolles Rezept einzig die Mönche der Lérins-Inseln kennen. Für den Likör werden über 40 verschiedene Kräuter und Pflanzen eingelegt und destilliert, z. B. Geranie, Rose, Thymian, aber auch Rosmarin sowie Safran.

🏛 Musée du Masque de Fer et du Fort Royal ➡ D7
Fort Royal, Île Ste-Marguerite
℡ 04 93 89 82 26 26
Das »Museum der eisernen Maske und des königlichen Forts« im Fort Royal zeigt archäologische Funde, auch vom Meeresgrund.

Le Cannet ➡ C7
Cannes geht in das höher gelegene Le Cannet über. Letzteres liegt in einer von Pinien, Oliven-, Orangen- und Eukalyptusbäumen bewachsenen Hügellandschaft 200 Meter über dem Meer und besitzt ein besonders angenehmes Klima. Der Blick auf Cannes und die Îles de Lérins ist einfach wunderbar. In der hübschen Altstadt führen Treppen und Gassen zu schattigen Plätzen.

Ein Muss ist der Besuch der farbenfrohen **Chapelle St-Sauveur**, die der Chagall-Schüler Thé Tobiasse Ende der 1980er Jahre ausgemalt hat. Von den 1920er Jahren bis zu seinem Tod 1947 lebte und arbeitete der Post-Impressionist Pierre Bonnard in der **Villa Le Bosquet**. Seine Motive fand er in seiner Umgebung. Er ruht auf dem Friedhof Notre-Dame-des-Anges.

ℹ Office de Tourisme ➡ C7
4, place Benidorm
06110 Le Cannet
℡ 04 93 45 34 27
www.lecannet-tourisme.fr

👁 Chapelle St-Sauveur ➡ C7
74, rue St-Sauveur, Le Cannet
℡ 04 92 59 14 42
Der Chagall-Schüler Théo Tobiasse hat die alte Kapelle aus dem 17. Jh. Ende der 1980er Jahre in kräftigen Farben ausgemalt.

🎉 Feste
Im Februar feiert Le Cannet ein **Olivenfestival**.

Der Chagall-Schüler Théo Tobiasse gab der grauen Kapelle Farbe: Chapelle St-Sauveur in Le Cannet

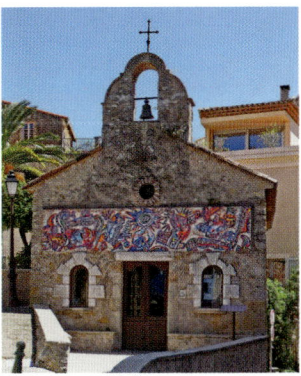

Der Nordosten bis Menton mit Monaco

Der östliche Teil der Côte d'Azur ist wohl der bekannteste und aufregendste Teil der Blauen Küste. Namen wie Nizza, Monaco oder Monte Carlo sind weltberühmt und stehen für das mondäne Jetset-Leben, für Luxus und Savoire-vivre schlechthin. Die Aufzählung lässt sich problemlos weiterführen, denn hier reihen sich bekannte Namen wie Juan-les-Pins, Antibes, Villefranche-sur-Mer oder Cap Ferrat wie Perlen an einer Schnur.

Und auch im Hinterland, die Alpen fallen hier quasi direkt ins Meer, nimmt die Zahl berühmter Namen mit Orten wie Grasse oder St-Paul-de-Vence kein Ende. Doch daneben gibt es immer wieder weniger Bekanntes wie die Stadt der Zitronen Menton, die kurz vor der italienischen Grenze, ganz am Ende der Küste immer noch ein wenig im Schatten der berühmteren Namen steht.

Die Orte und Sehenswürdigkeiten sind geografisch von West nach Ost aufgeführt.

Bergdorf mit provenzalischem Charme: Mougins

Mougins ➡ C7

Ein hübsches altes Dorf in den Bergen hinter Cannes: Es hat wie Le Cannet über die Jahre immer wieder zahlreiche Künstler angelockt, die sich von seinem Charme inspirieren ließen. So kam Picasso von 1961 bis zu seinem Tod 1973 hierher – Porträts von ihm findet man im **Musée de la Photographie**. Weitere Künstler waren z.B. Man Ray und Fernand Léger. Heute begeistert es vor allem Briten – viele haben sich in der Umgebung einen Zweitwohnsitz zugelegt.

🛈 **Office de Tourisme** ➡ C7
39, place des Patriotes
06250 Mougins
☎ 04 92 92 14 00
mouginstourisme.com

🏛 **Le MACM, Musée d'Art Classique de Mougins** ➡ C7
32, rue du Commandeur
Mougins
☎ 04 93 75 18 22
www.mouginsmusee.com
2011 wurde das Museum eröffnet. Es basiert auf der Sammlung von Christian Levett und präsentiert Skulpturen, Vasen, Schmuck, Münzen und Waffen ägyptischer Pharaonen und antiker griechischer und römischer Zivilisationen zusammen mit Werken von Picasso, Andy Warhol, Henri Matisse oder Yves Klein.

🏛 **Musée de la Photographie André Villers** ➡ C7
Porte Sarrazine
Mougins
☎ 04 93 75 85 67
1953 traf Picasso den damals 23-jährigen André Villers. Er bewunderte dessen Arbeit und ließ sich von ihm fotografieren. Später porträtierte Villars auch Dalí, Léger oder Boulez.

🎊 **Les Etoiles de Mougins**
Im **September** findet in Mougins ein kulinarisches Fest statt.

Ambra, Moschus, Myrrhe und Rose sind die Ingredienzen der Spitzen-parfümeure bei »Fragonard« in Grasse

Ausflugsziel:

🏛 **L'Espace de l'Art Concret (EAC)**
➡ C7
Château de Mouans
Mouans-Sartoux
℡ 04 93 75 71 50
www.espacedelartconcret.fr
Der Schweizer Künstler Gottfried Honegger (1917–2016), selbst Vertreter konstruktiv-konkreter Kunst, hat 1990 mit Sybil Albers-Barrier den »Raum der konkreten Kunst« gegründet. Für die Schenkung Albers-Honegger schufen die Architekten Gigon & Geyer den 2004 eröffneten Bau.

Grasse ➡ C6
Spätestens seit Patrick Süskinds Roman »Das Parfum« ist Grasse allgemein als »Stadt der Düfte« bekannt. Jedes Jahr pilgern zwei Millionen Besucher in die 51 000-Einwohner-Stadt mit der über 400-jährigen Dufttradition. Mancher Parfümhersteller kreiert dem Interessierten auf Wunsch seinen ganz individuellen Duft. Wer nichts kauft, besucht zumindest das **Musée international de la Parfumerie**. Im Mittelalter lebte die Stadtrepublik vom Ger-berhandwerk. Weil das gegerbte Leder nicht gut roch, begann man es um 1600 zu parfümieren und verlegte sich auf das Destillieren von Duftstoffen. Aus dem Nebenerwerbs- wurde der Haupterwerbszweig.

Auch die reizvolle Altstadt mit Bürgerhäusern, der Kathedrale aus dem 12. Jahrhundert und dem ehemaligen Bischofspalais ist ein lohnendes Ziel.

ℹ **Office de Tourisme** ➡ C6
Palais de la Buanderie
06130 Grasse
℡ 04 93 36 66 66
www.grasse.fr

🏛 **Musée international de la Parfumerie** ➡ C6
2, bd. du Jeu de Ballon, Grasse
℡ 04 97 05 58 00
www.museesdegrasse.com
Das 1989 gegründete Museum ist weltweit einzigartig und bietet eine Reise durch die Geschichte und die Magie der Düfte.

🗙 🛏 **La Bastide St-Antoine** ➡ C6
Quartier St-Antoine
48, av. Henri Dunant, Grasse
℡ 04 93 70 94 94
www.jacques-chibois.com

Feinschmecker-Bauernhof und Sterne-Restaurant von Jacques Chibois, umgeben von Olivenbäumen. In eleganten Zimmern (Relais & Châteaux) kann auch übernachtet werden. €€€

🍽 **Lou Pignatoun** ➡ C6
13, rue de l'Oratoire, Grasse
📞 04 93 36 11 80
www.lou-pignatoun.com
Mitten im Zentrum von Grasse, 50 m vom Place aux Aires. Traditionelle provenzalische Küche, auch L'Aioli. €€

📖 **Fragonard** ➡ C6
L'usine historique
20, bd. Fragonard, Grasse
📞 04 93 36 44 65
usines-parfum.fragonard.com/usines/usine-historique/
Aus einer alten Gerberei wurde Anfang des 19. Jh. eine Parfümfabrik. Heute bekommt man in dem restaurierten Gebäude Einblicke in die Entwicklung der Parfümherstellung und man kann natürlich auch Parfüm kaufen.

📖🏛 **Molinard** ➡ C6
60, bd. Victor Hugo, Grasse
📞 04 93 36 01 62
www.molinard.com
Seit 1849 geht man hier der Kunst der Parfümkreation nach.

Vallauris und Golfe-Juan
➡ C7

Der Name Vallauris im Hinterland von Cannes, inmitten grüner Hügellandschaft ist untrennbar mit Pablo Picasso verbunden. Das Künstlergenie lebte nach dem Zweiten Weltkrieg im nahen **Golfe-Juan** und kam über ein befreundetes Ehepaar, das eine Töpferei besaß, mit dem traditionsreichen Töpferhandwerk in Vallauris in Kontakt. Daraufhin schuf er etliche Keramiken und Skulpturen. Auf den Spuren des großen Künstlers kann man über eine Art »Picasso-Pfad« durch den Ort wandeln. Bis heute gibt es viele Galerien, das Kunsthandwerk der Töpfer ist hier uralt. Aufgeblüht ist die Tonkunst allerdings erst im 16. Jahrhundert.

Auch Jean Marais zog es nach Vallauris. Der Schauspieler ließ sich nach seiner erfolgreichen Film- und Theaterkarriere 1980 hier nieder und widmete sich der Keramik und der Bildhauerei. Als Ehrenbürger der Stadt entwarf er jedes Jahr das Plakat für das Töpfereifest. Auf dem alten Friedhof fand er seine letzte Ruhestätte.

ℹ️ **Office de Tourisme** ➡ C7
4, av. Georges Clemenceau
06220 Vallauris

»L'Homme au Mouton« – »Der Mann mit dem Schaf« heißt die Picasso-Skulptur auf der Place Isnard in Vallauris

☎ 04 93 63 18 38
www.vallaurisgolfejuan-touris
me.fr
Ein zweites Büro gibt es in Golfe-
Juan am alten Hafen.

🏛 **Musée de la céramique** ➡ C7
Place de la Libération, Vallauris
☎ 04 93 64 71 83
www.facebook.com/MuseeVal
lauris/
Die Entwicklung der Keramik in
Vallauris von der Antike bis in die
1920er Jahre und von den 1950er
Jahren bis zu zeitgenössischen
Designerstücken. Von 1948–55
lebte Picasso in der Stadt und
stellte im Atelier Madoura seine
Keramiken her.

🏛 **Musée Magnelli – Musée de
la Céramique** ➡ C7
Place de la Libération, Vallauris
☎ 04 93 64 71 83, www.facebook.
com/MuseeVallauris/
Im selben Gebäude aus dem 16.
Jh. wie das Keramikmuseum
mit einer wunderschönen Re-
naissancetreppe. Das Museum
bietet einen Überblick über das
Gesamtwerk des in Florenz geborenen Malers Alberto Magnelli
(1888–1971).

🏛 **Musée National Picasso** ➡ C7
Château de Vallauris
Place de la Libération, Vallauris
☎ 04 93 64 71 83
musees-nationaux-alpesmariti
mes.fr/picasso/
Bestandteil des French Riviera Pass
Picassos Riesengemälde »La Gu-
erre et la Paix« (»Krieg und Frie-
den«) gehört zu den Schätzen in
der romanischen Schlosskapelle.

🏛 **Espace Jean Marais** ➡ C7
Le Fournas, Av. des Martyrs de la
Résistance, Vallauris
☎ 04 93 63 46 11
www.sortez.org/espace-jean-ma
rais-vallauris/
In der ehemaligen Galerie von
Jean Marais, der 1997 Ehrenbür-

*Handgemachte Töpferware aus
Vallauris*

ger der Stadt wurde. Er war nicht
nur Theater- und Filmschauspieler,
sondern hat sich auch mit Malerei,
Skulptur und Keramik beschäftigt.

✖ **La Fourmigue** ➡ C7
18, av. des Frères Roustan, Port
Camille Rayon, Golfe-Juan
☎ 04 93 63 62 72
www.lafourmigue.com
Der Familienbetrieb, idyllisch am
Kai gelegen, ist spezialisiert auf
fangfrischen Fisch, exzellent zu-
bereitet. €€€

✖ **Les Dilettants** ➡ C7
1193, chemin de St-Bernard
Vallauris
☎ 04 93 33 99 59
www.facebook.com/lesdilettants
Umgeben von einem bunten
Garten genießt man bei schönem
Wetter auf der Terrasse marktfri-
sche saisonale Küche, dazu eigene
Weine. €€

🏚 **Verrerie d'Art Bernard
Aconito** ➡ C7
69, av. Georges Clemenceau
Vallauris
☎ 08 90 07 12 52
In der Glaswerkstatt kann man
den Glasbläsern bei der Arbeit
zuschauen und einkaufen.

🎉 Jeden ersten Sonntag im März
wird der **Ankunft Napoléons** mit
dem Schiff gedacht. Am Strand
wird das Ereignis nachgestellt.

Baden im Schatten der Pinien: der Strand in Juan-les-PIns

Juan-les-Pins ➡ C7

Der beliebte Badeort ist mit dem benachbarten Antibes zusammengewachsen. Dazwischen schiebt sich das landschaftlich wunderschöne **Cap d'Antibes** ins Meer. In Antibes lädt die malerische Altstadt mit ihren belebten Gassen zu einem Bummel ein. Juan-les-Pins zieht mit seinem lang gestreckten Strand, schicken Strandclubs, flotten Shops und Boutiquen, Kasino, Restaurants und Bars ein eher jüngeres Publikum an. Schließlich ist der Ort für sein lebendiges Nachtleben und für ein Top-Musik-Event bekannt: Seit 1952 findet das **Jazzfestival** statt, bei dem Weltstars wie Duke Ellington oder Charlie Parker aufgetreten sind.

ℹ Office de Tourisme ➡ C7
60, chemin des Sables
06160 Juan-les-Pins
✆ 04 22 10 60 01
www.antibesjuanlespins.com

✕ La Passagère ➡ C7
Im Hotel Juana, 19, av. G. Galice
Juan-les-Pins
✆ 04 93 61 02 79
www.hotel-juana.com
Im Gourmetrestaurant des Hotels Juana hat sich Aurélien Vécaud mit ambitionierter mediterraner Küche einen Michelin-Stern verdient. €€€

✕ ▣ Plages Les Pirates ➡ C7
23, bd. E. Baudouin
Juan-les-Pins
✆ 04 93 61 00 41
www.plage-les-pirates.fr
Italienisch-mediterranes Restaurant mit regionalen Produkten in schickem Ambiente – die Hausfarbe ist Türkisblau – und bester Lage, am »Strand der Piraten«. €€

✕ Restaurant le Perroquet ➡ C7
9, av. G. Gallice, Juan-les-Pins
✆ 04 93 61 02 20
Bekanntes Restaurant mit guter Küche; Mo–Sa preisgünstiges zweigängiges Lunch-Menü. €€

✕ Biorell ➡ C7
12 bis, av. de l'Esterel
Juan-les-Pins
✆ 06 43 46 98 40
Restaurant für unkompliziertes Hungerstillen: Hier gibt es Pizza, Sandwiches, Suppen und Pasta. €–€€

✕ La Bodega ➡ C7
16, av. du Dr Dautheville
Juan-les-Pins
✆ 04 97 04 67 41
Bodenständiger Italiener mit schönen Sitzplätzen draußen, ordentlicher Pizza, gutem offenem Wein und Muscheln in verschiedenen Varianten. €–€€

▨ ▼ ✕ Eden Casino ➡ C7
Bd. E. Baudoin, Juan-les-Pins
✆ 04 92 93 71 71
www.casinojuanlespins.com
Im Kasino von Juan-les-Pins kann man nicht nur beim Roulette und Black Jack (tägl. 21–4 Uhr) oder an 180 Spielautomaten sein Glück versuchen und beim Tanztee das Tanzbein schwingen, sondern auch im **Le Grill** gut essen. Im Sommer abends Livemusik auf der Terrasse. €€

♫♫ Feste
Musikfreunde werden in Juan-les-Pins Spaß haben: im **März** beim

New Orleans les Pins Jazz Festival und im **Juni** beim **Internationalen Jazzfestival**.

⑤ Antibes ➡ C7/8

Antibes, drittgrößte Stadt an der Côte d'Azur, wurde um 400 v. Chr. von griechischen Seefahrern und Händlern in einer windgeschützten Bucht gegründet, um auf dem Weg von Korsika nach Marseille über eine Zwischenstation zu verfügen. Die Griechen nannten den Hafen *Antipolis* (die Gegenüberliegende), gemeint war damit gegenüber von Korsika. Die Römer bauten Antibes weiter aus und im Mittelalter wurde die von den Grimaldis beherrschte Stadt stark befestigt.

Heute ist Antibes eine großflächige, moderne und verkehrsreiche City zwischen Nizza und Cannes, im Zentrum der Französischen Riviera und mit 20 Kilometern Küstenlinie. Die **Altstadt** bietet viel alte Bausubstanz und ist von Stadtmauern umgeben. In den netten Nebengassen abseits des Rummels gibt es noch urige Restaurants, typische Bistros und witzige Läden zu entdecken.

Am malerischen **Cap d'Antibes** ➡ C7/8 reiht sich eine Villa an die nächste. Schon die großen Parkplätze am Hafen zeigen dem Anreisenden, dass sich die Altstadt während der Saison auf Besuchermassen einstellt. Antibes besitzt, trotz des Andrangs, viel Charme, besonders abends, wenn es wesentlich ruhiger wird. Tagsüber finden Erholungsuchende an den verschiedenen Stränden immer noch ein freies Plätzchen.

Einen Besuch wert, selbst für Kunstmuffel, ist das **Picasso-Museum** ➡ dB3, sicherlich eines der schönsten Museen an der Küste. Nicht umsonst gilt Antibes als Hochburg der bildenden Künste und nennt eine ansehnliche Zahl von Kunstschätzen sein eigen, so haben u.a. Picasso, Miró und Peynet der Stadt Werke vermacht.

ℹ Office de Tourisme ➡ dB2
Place Guynemer, 06600 Antibes
℡ 04 22 10 60 10
www.antibesjuanlespines.com

🏛 Musée d'Archéologie ➡ dC/dD3
Bastion Saint-André, Antibes
℡ 04 92 00 53 36
www.antibes-juanlespins.com/culture/musee-d-archeologie
Im Tonnengewölbe der Bastion dokumentieren archäologische Funde die griechische und römische Vergangenheit.

Antibes: Die Festungsmauern sollten die Stadt in früheren Zeiten vor Seeangriffen feindlicher Nachbarn schützen

Fort Carré in Antibes

🏛 **Musée de la carte postale**
➡ dB1
4, av. Tournelli
Antibes
☏ 04 93 34 24 88
museedelacartepostale.fr
Tausende von Postkarten aus aller
Herren Länder.

🏛 **Musée Napoléonien** ➡ C7
Batterie du Graillon
Bd. J. F. Kennedy
Antibes
☏ 04 93 61 45 32
www.cap-d-antibes.fr/fr/musees
Die Tour Stella inmitten eines
Parks birgt die wunderbaren
Ausstellungsräume des Museums,
das Schiffsmodelle und persönli-
che Erinnerungsstücke Napoléons
hütet.

🏛 **Musée Peynet et du dessin
humoristique** ➡ dB2
Place Nationale, Antibes
☏ 04 92 90 54 30
www.antibes-juanlespins.com/
culture/musee-peynet
Über 300 Zeichnungen des bekannten französischen Zeichners
Raimond Peynet.

🏛 **Musée Picasso** ➡ dB3
Château Grimaldi, Place Mariéjol
Antibes
☏ 04 92 90 54 28
www.antibes-juanlespins.com/
culture/musee-picasso
1946 ließ sich das Maler-Genie
hier nieder, zahlreiche seiner im
Grimaldi-Schloss entstandenen
Werke überließ er später dem

Museum. Außerdem zu sehen:
Werke von Nicolas de Staël, Hans
Hartung und anderen zeitgenös-
sischen Künstlern.

🏛 **Musée de la Tour** ➡ dB3
1, rue de L'Orme
Antibes
☏ 04 92 90 54 28
Besuch auf Anfrage (ab 8 Pers.)
Im mittelalterlichen Turm werden
Kostüme, Möbel und mehr aus
dem 18. und 19. Jh. aufbewahrt.

👁 **Cathédrale N.-D. de
l'Immaculée Conception** ➡ dB3
30, rue de la Paroisse, Antibes
Neben dem Picasso-Museum steht
auf den Fundamenten eines griechischen Tempels die teils roma-
nisch, teils barocke Kathedrale.

👁 **Fort Carré** ➡ nördl. dA3
Av. du 11 Novembre, Antibes
☏ 04 92 90 52 13
www.antibes-juanlespins.com/
culture/fort-carre
Einst war die Verteidigungsanla-
ge nur ein auf den Mauern einer
Kapelle erbauter Turm. Unter
dem Baumeister Vauban wurde
sie zur Festung ausgebaut. Heute steht sie unter Denkmalschutz.

🖼🌿🏛 **Marineland** ➡ C7
306, av. Mozart, Antibes
☏ 04 93 33 49 49
www.marineland.fr
Groß und Klein lassen sich von
Delfin- und Seelöwenshows un-
terhalten oder betrachten große
und kleine Meeresbewohner in
riesigen Aquarien. Im maritimen
Freizeit- und Erlebnispark findet
sich auch das **Musée de la Marine**, das die größte Meerespri-
vatsammlung Europas sein eigen
nennt. Eine Attraktion für die
ganze Familie.

❌🍷 **L'Arazur** ➡ dB3
8, rue des Palmiers, Antibes
☏ 04 93 34 75 60
Gemütliches Feinschmecker-Bis-

tro und Weinbar. Sehr typisch, sehr französisch. €€€

☒ Le Vauban ➡ dB3
7 bis, rue Thuret, Antibes
☎ 04 93 34 33 05
www.levauban.fr
Feines, stilvolles Restaurant in der Altstadt nahe dem Hafen Vauban mit gehobener provenzalischer Küche. €€€

☒ L'Oursin ➡ dB2
16, rue de la République, Antibes
☎ 04 93 34 13 46
Leckere Meeresfrüchte in lockerer Atmosphäre. €€

☒ La Cafetière Fêlée ➡ dB2
18, rue du Marc, Antibes
☎ 04 93 34 51 86
www.lacafetierefelee.com
Küchenchef Julien Fiengo kreiert eine frisch zubereitete Fusion-Küche. €€

☒☒♫ Le Blue Lady Pub ➡ dB2
La Galerie du Port, Rue Lacan Antibes
☎ 04 93 34 41 00
www.blueladypub.com
Stimmungsvolle Location für alle Gelegenheiten: Frühstück, Lunch, ein Bier am Abend, Livemusik, Partys.

☒☒ Balade en Provence/ Absinthe Bar ➡ dB3
Marché Provençal
25, cours Masséna, Antibes
☎ 04 93 34 93 00
Nicht nur, dass der im Arkadengang des überdachten Marktes gelegene Shop Delikatessen, Olivenöl und Porzellan feilbietet, um die Ecke ist man auch gleich in einer urigen Keller-Absinthbar (1, rue Sade).

☒☒ Charcuterie Lyonnaise ➡ dB3
21, rue de la République, Antibes
☎ 04 93 34 09 52
www.charcuterielyonnaise.com
Jean-François Bricaud ist ein Meister in Sachen handwerklicher Fleischverarbeitung. Mit Bistro und Buffet.

☒ Comic Strips Café ➡ dC2
3, av. du 24 Août, Antibes
☎ 04 93 34 91 40
www.canalbd.net
Frankreich hat eine große Comic-Tradition. Hier kann man stöbern und kaufen.

☒ Fromagerie l'Etable ➡ dB3
Marché Provençal
1, rue Sade, Antibes
☎ 04 93 34 51 42

Straßencafé in der malerischen Altstadt von Antibes

fromagerieletable.site-solocal.com
Wunderbares Käsegeschäft mit rund 150 Sorten, zum Wochenende auch frische Nudeln.

🏛🏛 Provenzalischer Markt ➡ dB3
Cours Masséna
Juli/Aug. jeden Morgen.

Biot ➡ C7

Durch seine Töpferarbeiten hat sich der Ort hoch über den Ufern der Brague einen Namen gemacht. Berühmt sind die *jarres*, Riesentöpfe zur Aufbewahrung von Olivenöl. Zudem ist der Ort reich an Glaswerkstätten. Der Maler Fernand Léger, der 1955 die letzten Monate vor seinem Tod hier verbracht hat, wird mit einem eigenen Museum geehrt, das seine Witwe gegründet hat.

ℹ Office de Tourisme ➡ C7
4, chemin Neuf
06410 Biot
✆ 04 93 65 78 00
www.biot-tourisme.com

🏛🏛 L'Ecomée & la Fédération
➡ C7
Chemin des Combes, Biot

✆ 04 93 65 03 00
www.verreriebiot.com
Im Museum steht die Geschichte der Glasbläserei im Mittelpunkt. Außerdem haben hier ihren Sitz: die **Galerie Internationale du Verre**, die internationale Glaskünstler präsentiert, und die **Galerie Jean-Claude Novaro**, die Arbeiten des Glaskünstlers zeigt.

🏛 Musée d'Histoire et des Céramiques Biotoises ➡ C7
9, rue St-Sébastien
Biot
✆ 04 93 65 54 54
www.musee-de-biot.fr
Neben der 2000-jährigen Ortsgeschichte wird auch Keramik aus Biot gezeigt.

🏛 Musée National Fernand Léger ➡ C7
Chemin du Val de Pôme
Biot
✆ 04 93 53 87 20
musees-nationaux-alpesmaritimes.fr/fleger/
Bestandteil des French Riviera Pass
Werke des Malers, darunter Zeichnungen, Ölbilder und Mosaiken. Das Museum wird auch »Kathedrale der modernen Kunst« genannt. Mit Skulpturengarten.

Biot: Hoch oben auf dem Hügel liegt der historische Kern des Dorfs

✕ Le Cucina Vera ➡ C7
44, impasse St-Sébastien
Biot
☎ 04 92 91 06 44
Familienrestaurant mit italienisch-mediterraner Küche: Risotto, Osso Bucco und herrlichen Desserts – zu genießen auf der großen Terrasse mit Blick auf die Hügel. €€

⚱ La Poterie Provençale ➡ C7
1689, route de la Mer, Biot
☎ 04 92 95 97 67
Besichtigung der Töpferwerkstätten, in denen schöne mediterrane Gebrauchsgegenstände wie farbenfrohes Essgeschirr hergestellt werden, nach Vereinbarung.

Ausflugsziel:

◉ Valbonne ➡ C7
Über die landschaftlich reizvolle Landstraße D4 geht es von Biot nach Valbonne. Mittelpunkt des schmucken restaurierten Dorfs ist der schöne Marktplatz mit Arkaden aus dem 16. Jahrhundert. Einen Blick lohnt die frühere Abteikirche eines im 5. Jahrhundert gegründeten Klosters, der ehemaligen Keimzelle des Dorfs. Genießer finden einige sehr gute Restaurants in und um Valbonne.

🏛 Musée du Patrimoine ➡ C7
Place de l'Eglise, Cour du cloître l'abbaye, 2. Etage
Valbonne
☎ 04 93 12 96 54
Exponate des Dorflebens aus dem 19. Jh.

✕ Le Bois Doré ➡ C7
265, route d'Antibes
Valbonne
☎ 04 93 12 26 25
www.restaurant-le-bois-dore.com
Feine traditionelle Küche – im Sommer auf der Terrasse, im Winter am Kamin; viele Menüs. €€–€€€

✕ Le Bistrot du Sommelier ➡ C7
21, rue Eugène Giraud

Am Hafen von Cagnes-sur-Mer

Valbonne
☎ 04 93 12 17 95
www.lebistrotdusommelier.fr
Aus regionalen Produkte wird feine Goumetküche zelebriert; mit Tischen und Stühlen vor dem Haus. €€–€€€

Cagnes-sur-Mer ➡ C8
Die geschäftige Kleinstadt mit rund 52 000 Einwohnern besteht aus einem modernen Seebad und dem pittoresken mittelalterlichen Dorf auf einem Felskegel. Die gesamte, noch urtümliche **Altstadt** mit steilen Straßen, kleinen, blumengeschmückten Plätzen und erkerbestückten Häusern ist sehenswert und stammt größtenteils aus dem 12. bis 14. Jahrhundert, so auch das von den Fürsten von Monaco zunächst als Burg erbaute und später zum Schloss erweiterte **Château** hoch über dem oberen Dorf.

Dem weltberühmten Maler **Auguste Renoir** muss es gut gefallen haben, denn er lebte eine Zeit lang hier. Er war fasziniert von den intensiven Farben und ließ sich von dem Ort künstlerisch inspirieren. Sein Haus ist heute Museum und zeigt Skulpturen und einige Bilder.

ℹ Office de Tourisme ➡ C8
6, bd. Maréchal Juin
06800 Cagnes-sur-Mer

✆ 04 93 20 61 64
www.cagnes-tourisme.com

🏛 Château-Musée Grimaldi
➡ C8

Eingang Place Grimaldi
Haut-de-Cagnes
✆ 04 92 02 47 35
www.cagnes-sur-mer.fr/culture/
chateau-musee-grimaldi/
Das ursprünglich mittelalterliche
Fort wurde später ein barocker
Herrensitz. Heute befinden sich
ein Olivenöl-Völkerkundemuse-
um und ein mediterranes Kunst-
museum in dem Gemäuer.

🏛❀ Musée Renoir ➡ C8
Le Domaine des Collettes
19, chemin des Collettes
Cagnes-sur-Mer
✆ 04 93 20 61 07
www.cagnes-sur-mer.fr/culture/
musee-renoir/
Die parkähnliche Domaine mit
großem Olivenhain war der letzte Wohnsitz von Renoir. So wie
er damals wohnte, sieht es heute
noch aus.

Man kann nicht nur Möbel
und persönliche Gegenstände betrachten, sondern auch zwei Ate-
liers, ein knappes Dutzend seiner
Werke und seine fast vollständige
Skulpturensammlung. Sehenswert ist auch der von Renoirs
Gattin gestaltete Rosengarten.

🎨 Chapelle Notre-Dame-de-Protection ➡ C8
Place de Notre Dame de Protection
Cagnes-sur-Mer
✆ 04 93 20 61 64
Bedeutend sind in der Kirche die
Fresken, die Andrea de Cella 1525
gemalt haben soll. Derzeit ist die
Kirche wegen Restaurierungsar-
beiten geschl.

👓 Atelier Esty ➡ C8
10, rue St Roch
Cagnes-sur-Mer
✆ 06 09 36 54 03
www.esty.net
Handgearbeitete zeitgenössische
Schmuckunikate der kanadischen
Künstlerin Esty Grossman. Für ihre Stücke aus Sterlingsilber oder
Gold lässt sie sich von der Natur
inspirieren.

🐎 Hippodrome Côte d'Azur
➡ C8

2, bd. J. F. Kennedy
Cagnes-sur-Mer
✆ 04 92 02 44 44
www.hippodrome-cotedazur.fr
Von Dezember bis März rennen
die Pferde tagsüber um die Wet-
te, im Juli und August abends um
20.30 Uhr.

🐎 Olivenfestival
Jährlich im **März** in Cagnes-sur-
Mer.

In traumhafter Lage, umgeben von einem Olivenhain: Musée Renoir

Ausflugsziel:

👁 **La Colle-sur-Loup** ➤ C8
www.lacollesurloup-tourisme.com
Bis Mitte des 20. Jh. war der kleine Ort, 5,5 km nordwestlich von
Cagnes-sur-Mer, dank seines milden Klimas Hauptproduzent von
Blüten – Centifolia-Rosen, Teero-
sen, Orangen, Veilchen oder Pfef-
ferminze – für die Parfümerien in
Grasse.

Heute ist La Colle-sur-Loup,
eingebettet in grüne Hügel, ein
authentischer provenzalischer Ort
und Ausgangspunkt für Wande-
rungen oder Wassersport auf der
Gorges du Loup.

*Schlendern in den mittelalterlichen
Gassen von Saint-Paul-de-Vence*

6 St-Paul-de-Vence ➤ B7
Das auf einem Felsvorsprung
gelegene und von Befestigungs-
mauern umgebene St-Paul ge-
hört zu den schönsten Orten im
Hinterland der Côte d'Azur. Kein
Wunder also, dass es schon immer
Künstler wie Chagall, Braque oder
Miró inspiriert hat. Daher hat die
Kunst in St-Paul auch wie selbst-
verständlich ein Zuhause.

Die 1964 gegründete Stiftung
Fondation Maeght gilt unter
Kunstfreunden als absolut sehenswert. Sie ist das erste Privat-
museum Frankreichs mit einer
der weltweit wichtigsten Sammlungen moderner Kunst und lockt
jährlich über 250 000 Besucher an.

Das mittelalterliche Bilder-
buch-Szenario macht die Stadt
zu einem beliebten Ausflugsziel.
In der **Rue Grande** zwischen Porte Royal und Porte Sud sind noch
Steinfassaden aus dem 16./17.
Jahrhundert zu bewundern. In
den urigen Gassen haben sich viele Souvenirshops niedergelassen.

ℹ **Office de Tourisme** ➤ B7
2, rue Grande
06570 St-Paul-de-Vence
☎ 04 93 32 86 95
www.saint-pauldevence.com

🏛 **Fondation Maeght** ➤ B7
623, chemin des Gardettes
St-Paul-de-Vence
☎ 04 93 32 81 63
www.fondation-maeght.com
Das Museum ist eine Pilgerstätte
für Kunstinteressierte. Maler und
Bildhauer wurden in die Architektur des Hauses, das sich der Kunst
des 20. Jh. widmet, einbezogen.
So gibt es Fenster von Braque,
Skulpturen von Giacometti, ein
Mosaik von Chagall. Im Park spaziert man an den Werken großer
Namen der Kunstgeschichte vorbei. Oft lange Warteschlangen.

🎁 **La Cure Gourmande** ➤ B7
23, rue Grande, St-Paul-de-Vence
☎ 04 93 32 16 96
www.courgourmande.fr
Filiale des bekannten Pariser Scho-
koherstellers.

Vence ➤ B7
Vence ist ein nettes, lebendiges
Städtchen in den Bergen, rund 30
Kilometer von der Küste entfernt.
Um die mittelalterliche Stadt he-
rum, die zwischen zwei Schluch-
ten auf einem Felsvorsprung liegt,
hat sich die Neustadt gebildet. Zu
den Attraktionen zählen farben-

Farbenfrohe Angebote in Vence

prächtige Märkte, ein Labyrinth kleiner Gassen, lauschige Plätze, das **Château de Villeneuve** mit Ausstellungen moderner Kunst am Rand der autofreien Altstadt, der Turm einer mittelalterlichen Burg, eine Kathedrale mit schönem gotischen Chorgestühl und als Hauptattraktion die kleine, von Matisse ausgeschmückte **Chapelle du Rosaire**. Wie Henri Matisse haben hier in den 1920er Jahren viele Künstler gelebt.

ⓘ Office de Tourisme ➡ B7
Villa Alexandrine, Place du Grand Jardin
06140 Vence
☎ 04 93 58 06 38
www.vence-tourisme.com

◉ Chapelle du Rosaire/Matisse
➡ B7
466, av. Henri Matisse, Vence
☎ 04 93 58 03 26
vence-tourisme.com/chapelle-du-rosaire-dite-matisse/
Eigentlich heißt sie Chapelle du Rosaire, aber weil Matisse hier am Werk war – er entwarf und dekorierte sie – trägt die Kapelle auch seinen Namen.

◉ 🏛 Musée de Vence Fondation Emile Hughes ➡ B7
2, place du Frêne, Vence

☎ 04 93 24 24 23
www.museedevence.com
Prächtiges architektonisches Ensemble aus dem 17. Jh. inmitten der Altstadt, das den Rahmen für zeitgenössische Ausstellungen bildet.

✕ Le Michel Ange ➡ B7
1, place Godeau, Vence
☎ 04 93 58 32 56, www.facebook.com/lemichelange06
Beliebtes Restaurant. Man sitzt schön im Schatten der Bäume. Wöchentlich wechselnde günstige Menus. Reservierung empfohlen. €–€€

🎨 Olivier Art Gallery ➡ B7
1, place Frédéric Mistral, Vence
☎ 04 93 59 75 06
Galerie mit breitem Angebot von abstrakter bis naiver Kunst.

🎨 Feste
Mit **Les Nuits du Sud** steht im **Juli und August** ein internationales Musikfestival auf dem Programm. **Knoblauch- und Aiolifest** im **Juni**.

Villeneuve-Loubet ➡ C7
Der Ort am Fuß eines mittelalterlichen **Châteaus** samt herrlichem mediterran-exotischem Park versprüht provenzalischen Charme.

Durch blumengeschmückte Straßen spaziert man zu einem einzigartigen kulinarischen Museum, dem **Musée Escoffier de l'Art Culinaire**. Am Meer stehen die auffälligen wellenförmigen Terrassen-Hochhäuser, die von weither an der Küste zu sehen sind.

ℹ️ **Office de Tourisme** ➡ C7
16, av. de la Mer
06270 Villeneuve-Loubet
☎ 04 92 02 66 16
www.villeneuve-tourisme.com

🏛️ **Musée Escoffier de l'Art Culinaire** ➡ C7
3, rue Escoffier, Villeneuve-Loubet
☎ 04 93 20 80 51
www.musee-escoffier.com
Dem Erfinder des »Pfirsich Melba« ist Frankreichs einziges kulinarisches Museum gewidmet. Auguste Escoffier (1846–1935) prägte die Küche. In seinem Geburtshaus dreht sich alles um Koch und Kochkunst.

🍴 **Fêtes Gourmandes**
Kulinarisches Fest im August.

Villefranche-sur-Mer ➡ B8
Das Städtchen nordöstlich von Nizza wurde 1295 gegründet und zieht sich die Hügel bis zum Meer

hinab. Besonders der Fischerhafen besitzt viel Flair. Die verwinkelte Altstadt mit ihren farbigen Fassaden zeigt noch den Charakter eines Riviera-Fischerdorfs; dabei hat sie die Atmosphäre des 17. Jahrhunderts bewahrt. Hier sind viele Galerien und Restaurants ansässig. Die mittelalterliche **Rue Obscure** ist fast komplett überdacht und so dunkel, dass sie den ganzen Tag von Laternen beleuchtet werden muss.

Die Bedeutung von Villefranche als Kriegshafen wird heute noch an der mächtigen, 1557 erbauten **Zitadelle** deutlich. In der restaurierten Anlage befinden sich das Rathaus, drei Museen und ein Kongresszentrum.

Auch vielen Einheimische verbringen den Abend am lebhaften Hafen. Das natürliche Becken wurde ab 1388 von den savoyischen Herzögen erweitert.

Schon Jean Cocteau und andere Künstler erlagen dem Charme des Ortes. Die kleine **Hafenkapelle St-Pierre** wurde von Cocteau gestaltet, der mehrere Sommer in dem damals als Treff der homosexuellen Szene bekannten Fischerdorf verbrachte.

ℹ️ **Office de Tourisme** ➡ B8
Jardins François Binon

Villefranche-sur-Mer besitzt den größten Kreuzfahrthafen Frankreichs

06230 Villefranche-sur-Mer
☎ 04 93 01 73 68, www.tourisme-villefranche-sur-mer.com

🏛️◉ Les Musées de la Citadelle
➡ B8
Villefranche-sur-Mer
☎ 04 93 76 33 27
Museen derzeit wegen Restaurierung der Zitadelle geschl.
Im 16. Jh. ließ der Herzog von Savoyen zum Schutz der Grafschaft Nizza Zitadelle, Hafen und zwei Außenforts anlegen. Sie waren Vorläufer einer neuen Bastion, in der heute neben dem Rathaus das **Musée Volti** (Arbeiten des Bildhauers Volti), das **Musée Goetz-Boumeester** (Werke von Christine Boumeester und Henri Goetz) und die **Sammlung Roux** (historische Keramikfiguren) untergebracht sind.

◉ Chapelle St-Pierre ➡ B8
1, quai Courbet
Port de Villefranche-sur-Mer
☎ 04 93 76 90 70
Das Innendekor der Kapelle stammt von Jean Cocteau, deshalb wird sie auch Chapelle Cocteau genannt.

✖ La Mère Germaine ➡ B8
9, quai Courbet
Villefranche-sur-Mer
☎ 04 93 01 71 39
www.meregermaine.com
Traditionsreiches Restaurant am Wasser, in dem schon Jean Cocteau dinierte. Spezialisiert auf Fisch und Meeresfrüchte, ist besonders die Bouillabaisse berühmt. €€€

✖ La Baleine Joyeuse ➡ B8
Port de la Darse
Villefranche-sur-Mer
☎ 06 22 28 09 57
Auf den ersten Blick wirkt das Restaurant wie ein Hafenimbiss, in dem die Franzosen zu Mittag essen. Doch neben Sandwiches & Co. werden auch Pasta und solide Tagesgerichte serviert, die man mit Blick auf Hafen und Yachten verspeist. €

👥 Marche à la Brocante ➡ B8
Villefranche-sur-Mer
Sonntags findet auf dem Place Amélie-Pollonais und im Jardin François Binon ein Trödelmarkt statt.

St-Jean-Cap-Ferrat ➡ B/C8/9
Der alte Fischerort, der sich zum Tummelplatz von Blaublütern, Künstlern und Schriftstellern entwickelt hat, ist gerade mal 100 Jahre alt. 1905 entstand er durch die Abtrennung von Villefranche-sur-Mer.
   Prächtige Villen mit weitläufigen Gärten bestimmen das Bild auf der Halbinsel, auf der die prunkvollste Villa der »Blauen Küste« steht: die ❼ **Villa Eph-**

Irdisches Paradies: der französische Garten mit Liebestempel und Wasserspielen vor der Villa Ephrussi de Rothschild in St-Jean-Cap-Ferrat

russi de Rothschild, ein absolutes Besucher-Muss.

Erbauerin der auf einem Hügel gelegenen Villa mit ihren sieben Gärten ist Béatrice Ephrussi, geborene Baronin de Rothschild. Sie entdeckte Cap Ferrat 1905, als die Côte d'Azur zur beliebten Sommerfrische wurde. Sie erwarb das Grundstück an der engsten Stelle der Halbinsel und beauftragte bis zu 40 Architekten, die in sieben Jahren das an die Renaissance-Palazzi in Venedig oder Florenz erinnernde Haus errichteten. Aus der ganzen Welt ließ die leidenschaftliche Sammlerin Kunstwerke kommen. Nach dem Tod der Baronin 1934 wurde die Villa zum Museum umgewandelt.

Herrlich sind die Gärten! Vom französischen, in Form eines Schiffsdecks angelegten Garten mit Wasserspielen und der Kopie des Liebestempels des Trianons zweigen die anderen ab. So die Gärten im spanischen, florentinischen, japanischen und provenzalischen Stil und der Rosen- und Steinkunstgarten. Atemberaubend schön ist der Blick auf Meer und Küste und die Villa Kérylos (vgl. S. 62).

Aber St-Jean-Cap-Ferrat hat auch schöne Strände, einen Zoo und auf dem Kap einen **Leuchtturm** von 1949, der eine 360-Grad-Panoramasicht ermöglicht und zu dem man hinspazieren kann (Tour du Cap-Schildern folgen). Diese Perle an der Französischen Riviera verspricht in jedem Falle angenehme Ferien.

ℹ Office de Tourisme ➡ B8/9
59, av. Denis Séméria
06230 St-Jean-Cap-Ferrat
℘ 04 93 76 08 90, www.saintjean
capferrat-tourisme.fr

🏛 🛍 Musée des Coquillages
➡ B9
Quai Lindbergh
St-Jean-Cap-Ferrat

Im Stil der italienischen Renaissance: Villa Ephrussi de Rothschild

℘ 04 93 76 08 90
Beeindruckend: die größte Mittelmeer-Muschelsammlung mit ca. 1200 Exemplaren.

🏛 🛍 ➐ Villa & Jardins Ephrussi de Rothschild ➡ B8/9
1, av. Ephrussi de Rothschild
St-Jean-Cap-Ferrat
℘ 04 93 01 45 90
www.villa-ephrussi.com
Der von der italienischen Renaissance inspirierte Palast vereint verschiedene Stile und Epochen. Béatrice Ephrussi, geborene Rothschild (1883–1934), hat die 10 ha große Fläche bebauen lassen, um ihre Kunstsammlung von Möbeln und Porzellan unterzubringen. Neun Themengärten umgeben die Villa.

✗ Capitaine Cook ➡ B9
11, av. J. Mermoz
St-Jean-Cap-Ferrat
℘ 04 93 76 02 66
Ausgezeichnete Fischspezialitäten. €€

♪ Seit 2012 findet alljährlich im August im Jardin de la Paix ein viertägiges **Jazzfestival** statt.

Beaulieu-sur-Mer ➡ B9
Der einstmals bei der High Society sehr beliebte Badeort versprüht

immer noch ein bisschen Belle-Époque-Atmosphäre. Dazu tragen auch die beiden prächtigen Grandhotels bei.

Wer genug hat von Yachthafen, Kasino und palmengesäumten Stränden sollte keinesfalls eine Besichtigung der **❼ Villa Kérylos** versäumen.

Die Schönheit eines antiken Palasts und der Komfort der Moderne, so stellte sich Théodore Reinach sein künftiges Heim vor. Mit der am Meer liegenden Villa Kérylos hat er sich diesen Traum aus Fresken, Mosaiken, Kunstduplikaten und ausgesuchten Möbeln verwirklicht. Auf der anderen Seite schräg gegenüber der Bucht liegt die Villa Ephrussi de Rothschild.

ℹ Office de Tourisme ➡ B9
Place Georges Clemenceau
06310 Beaulieu-sur-Mer
✆ 04 93 01 02 21
www.otbeaulieusurmer.com

◉ ❼ Villa Kérylos ➡ B9
Impasse Gustave Eiffel
Beaulieu-sur-Mer
✆ 04 93 01 01 44
www.villakerylos.fr
1902–10 nach antiken Vorbildern errichtete und eindrucksvoll möblierte Villa. Architekt: Emmanuel Pontremoli.

Villa Kérylos in Beaulieu-sur-Mer

❽ Èze ➡ B9
Sprich: Ääs! Der süße Ort, 1000 Jahre alt und 427 Meter über dem Meeresspiegel gelegen, ähnelt einer Zuckertüte, bekrönt von der wirklich tollen Altstadt mit steilem Gassengewirr, Belle-Époque-Villen, Luxushotels und einigen netten Restaurants und Cafés. Vom mittelalterlichen Dorf hebt sich die **Kirche Notre-Dame-de-l'Assomption** durch ihre klassische Fassade ab. Sehenswert sind die Ruinen des alten **Schlosses** am höchsten Punkt von Èze, das auf Befehl Louis XIV. 1706 zerstört wurde. Im Sommer finden dort Konzerte statt.

Einen Blick wert ist auch der **Jardin Exotique d'Èze** mit seinen exotischen Kakteen um die Burgruine aus dem 14. Jahrhundert. Apropos: Der Blick von hier auf die Côte d'Azur ist phänomenal und neben dem mittelalterlichen Altstadt-Ambiente mit ein Grund dafür, dass zahlreiche Touristenbusse Station machen.

Berühmtheiten wie Friedrich Nietzsche, der hier mehrere Sommer verbrachte, waren schon in Èze zu Gast. Es gibt einen nach ihm benannten Pfad zum Meer, auf dem er »Also sprach Zarathustra« beendet haben soll. Auch Bono, Sänger von U2, hat hier gelebt.

ℹ Office de Tourisme ➡ B9
Place du Général de Gaulle
06360 Èze Village
✆ 04 93 41 26 00
www.eze-tourisme.com
Bietet verschiedene geführte Touren durch Èze an.

✿ Jardin Exotique d'Èze ➡ B9
Rue du Château
Èze
✆ 04 93 41 10 30
www.jardinexotique-eze.fr
Exotische Pflanzen, ein herrlicher Blick, die Ruinen eines Châteaus, Wasserbecken und Skulpturen

locken in den auf knapp 430 m Höhe gelegenen Garten.

☒ **La Chèvre d'Or** ➡ B9
Moyenne Corniche
Rue du Barri, Èze
☎ 04 92 10 66 61
www.chevredor.com
Traumhafte Genüsse mit fantastischem Ausblick, aber zwei Michelin-Sterne haben auch Ihren Preis. Etwas günstiger ist es im dazugehörigen mediterranen Restaurant **Les Remparts**. €€€

☒ **Le Troubadour** ➡ B9
4, rue du Brec, Èze
☎ 04 93 41 19 03
In einem schönen alten Haus in der Altstadt werden saisonale provenzalische Spezialitäten serviert. €€

🏛 **L'Herminette Ezasque** ➡ B9
1, rue Principale
Èze
☎ 04 93 41 13 59
Skulpturen aus Olivenbaumholz.

🏛 **Fragonard** ➡ B9
158, av. du Verdun, Èze
☎ 04 93 36 44 66
usines-parfum.fragonard.com/de/werke/das-werk-mit-labor-in-eze-village/
Die Parfümfabrik aus Grasse hat hier einen Ableger, wo man sich über die Parfümherstellung informieren und mit Duftfläschchen eindecken kann.

🏛 **Galimard** ➡ B9
Place Charles de Gaulle
Eze Village
☎ 04 93 41 10 70
www.galimard.com/de/produkt/visite-usine-et-musee-a-eze-village-particuliers
Parfümherstellung und Verkauf.

🏛 **Au Souffle d'Èze** ➡ B9
2, rue de la Paix, Èze
☎ 04 93 41 35 62
Schönes aus Glas.

Beherbergt Hunderte Arten exotischer Pflanzen: der Jardin Exotique d'Èze

Ausflugsziel:

◉ **Lucéram** ➡ A9
30 Kilometer nördlich von Èze thront das mittelalterliche Dorf hoch oben auf einem Felsvorsprung mit engen verwinkelten Gassen. Im 15. Jahrhundert führte die Salzstraße hindurch und brachte wirtschaftlichen Aufschwung, von dem noch einige kostbare historische Überbleibsel zeugen wie die Altarbilder von Louis Bréa und Giovanni Canavesio in der barocken Eglise Sainte-Marguerite. Infos unter www.luceram.fr.

Cap d'Ail ➡ B9
Der kleine Küstenort zwischen Nizza und Monaco bildet so etwas wie das Eingangstor zum Fürstentum Monaco. Es gibt einen Strand, beeindruckende Klippen und Küstenwege, die tolle Meerblicke bieten – auf einem der Wege lässt sich das Cap umrunden.

Salz – das weiße Gold

Wirtschaftliche Bedeutung erlangte ab dem 16. Jahrhundert das Salz. Die Salzstraße über den Col de Tende, die von über 30 000 Maultierkarawanen pro Jahr genutzt wurde, wurde unter der Herrschaft Savoyens zwischen Nizza und Turin für den Salztransport angelegt. Gewonnen wurde das weiße Gold in Hyères und Toulon. Durch den Anschluss der Grafschaft Nizza hatte der Alpenstaat Savoyen einen Zugang zum Mittelmeer erlangt. Der natürliche Hafen von Villefranche wurde zum Freihafen ausgebaut. Das 16. und 17. Jahrhundert waren die goldenen Zeiten für die Dörfer und Städtchen entlang der Salzstraße, die zu einem erheblichen Wohlstand gelangten. Heute ist davon nicht mehr allzu viel übrig geblieben.

Interessant sind auch die Belle-Époque-Villen, die an Winston Churchill und Greta Garbo erinnern. Die **Villa le Roc Fleuri** im italienischen Stil ist zwar nicht zu besichtigen, dafür aber ihr schöner Botanischer Garten mit seinem Palmenhain (23, av. du Docteur Onimus, Mitte Aug.–Sept. nachmittags).

ℹ️ **Office de Tourisme** ➡ B9
87 bis, av. du 3 Septembre
06320 Cap d'Ail
✆ 04 93 78 02 33
www.cap-dail.com

🎓 **CMEF Centre Mediterranéen d'Etudes françaises** ➡ B9
Chemin des Oliviers, Cap d'Ail
www.cmef-monaco.fr
Ende der 1950er/Anfang der 1960er Jahre schuf Jean Cocteau einen Kulturkomplex in Form eines antiken Amphitheaters. Viele Erinnerungsstücke an den Künstler werden hier aufbewahrt.

✿ **Jardin Sacha Guitry** ➡ B9
Av. François de May
Cap d'Ail
Außergewöhnliche mediterrane Pflanzen wachsen im Garten der Villa des Autors Sacha Guitry (1885–1957). Im Office de Tourisme sollte man sich nach Besichtigungen mit einem Botaniker erkundigen.

❾ **Monaco/Monte Carlo**
➡ B9

Das Fürstentum Monaco mit Monte Carlo ist Inbegriff von Glanz und Glamour, von Luxus und Verschwendung, Treffpunkt der Reichen und Schönen, Parkplatz für Edelkarossen und Luxusyachten. Seit dem Hochmittelalter konnte der kleine Staat seine Unabhängigkeit unter der Herrschaft der Grimaldis meist bewahren. Heute zeigt er, wie ein Mini-Fürstentum überleben kann, indem es den Reichen dieser Welt Schutz vor dem Fiskus und gleichzeitig hohe Sicherheit gewährt.

Damit dieses geniale Konzept der Grimaldi AG aufgehen konnte, musste Platz geschaffen werden, und in Monaco bedeutet dies, in die Höhe bauen und Tunnel graben. Denn wenn es auf dem Felsen an der Traumküste an etwas mangelt, dann ist das Grund und Boden.

Noch bis Mitte des 19. Jahrhunderts waren die Monegassen bitterarm. Erst als das Kasino ab

Mitte der 1860er Jahre erfolgreich war und Monaco 1868 an das französische Eisenbahnnetz angeschlossen wurde, begann das Fürstentum allmählich zu prosperieren. Das Kasino war es auch, das die Prominenz und den europäischen Adel nach Monte Carlo lockte.

Nach dem Zweiten Weltkrieg nahm das Fürstentum richtig Fahrt auf und entwickelte sich unter Fürst Rainier III. immer mehr zu einem erfolgreichen Wirtschaftsunternehmen. Allerdings besteht inzwischen eine Wirtschafts- und Zollunion mit Frankreich und außenpolitisch wird der Zwergstaat von der französischen Republik vertreten.

Wer nach Monte Carlo fährt, darf natürlich das **Casino** ➡ bB3/4 nicht verpassen. 1878 wurde es von Charles Garnier, dem Architekten der Pariser Oper, erbaut. Die Villa Sauber, die zum Nouveau Musée National de Monaco gehört, stammt ebenfalls von ihm. Ein marmornes, mit Säulen bestücktes Atrium und mehrere Spielzimmer mit bunten Fenstern, Skulpturen, allegorischen Bildern und bronzenen Lüstern erwarten den staunenden Besucher.

Die ganz in Rot und Gold gehaltene **Salle Garnier** ist seit 1879 Bühne für internationale Operninszenierungen, Konzerte und Ballettaufführungen. Vor dem berühmten Spielkasino erstrecken sich großzügige, farbenprächtige Grünanlagen mit schönen Springbrunnen.

Wer sein Geld lieber verfuttert statt verspielt, kehrt ins Drei-Sterne-Restaurant von Alain Ducasse am **Place du Casino** ein. Billiger wird es vielleicht nicht, aber man schwelgt in unglaublichen kulinarischen Genüssen. Am selben Platz befinden sich die beiden Institutionen **Café de Paris** und **Hôtel de Paris**. Das Meer und das **Centre de Congrès** ➡ bC3/4 sind

Inbegriff von Luxus und Glamour: Blick von der Corniche auf Monte Carlo

ganz in der Nähe, der Strand vor der Avenue Princesse Grace ist allerdings künstlich aufgeschüttet.

Eine weitere Attraktion ist der prächtige **Fürstenpalast**, das **Palais Princier** ➡ bC1. Tagtäglich gibt es ein Spektakel vor der kanonenbestückten Residenz auf dem Place du Palais: die Wachablösung jeden Mittag um fünf vor zwölf. Wer die Garde versäumt, genießt die Aussicht auf Monte Carlo und Umgebung. Im Sommer finden im Ehrenhof Konzerte statt. Die Monegassen lieben ihr altes Stück Monaco: die **Altstadt** ➡ bD1/2 mit der Chapelle de la Miséricorde, den Jardins St-Martin, der Place St-Nicolas und der Rampe Major.

Monaco hat ein neues **Nationalmuseum**, bestehend aus zwei Häusern. In der **Villa Sauber** ➡ bA4 befindet sich die beeindruckende Puppen- und Automaten-Sammlung der Madame de Galéa. Die **Villa Paloma** ➡ bB1, eine ehemalige Patriziervilla neben dem Jardin Exotique, wurde im September 2010 mit der Ausstellung »La Carte d'après Nature« des deutschen Künstlers Thomas Demand eröffnet. In dem neuen Museum wird auf 1500 Quadratmetern moderne und zeitgenössische Kunst gezeigt.

🛈 **Office de Tourisme** ➡ bB3
2, bd. des Moulins
MC 98030 Monaco
✆ +377 92 16 61 16
www.visitmonaco.com

🚌🎧 **Touristenzug** ➡ bD2
Musée Océanographique
Monaco
Der Touristenbummelzug fährt durch Monaco, unterwegs gibt es Erklärungen in zwölf Sprachen.

🏛 **Collection des Voitures anciennes/Oldtimer** ➡ bC2
54, route de la Piscine
Monaco
✆ +377 92 05 28 56
www.mtcc.mc/
Fürst Rainier III. war begeisterter Autofan, seine stattliche Sammlung umfasst rund 100 Exemplare vom Oldtimer bis zum Rennwagen. Seit Juli 2022 in einem neuen Gebäude neben dem Wassersportstadion mit 3500 m² Ausstellungsfläche.

🏛 **Musée des Timbres et des Monnaies** ➡ bC1
11, terrasses de Fontvielle
Monaco
✆ +377 98 98 41 50
www.mtm-monaco.mc
Hier kann man Münzen und Briefmarken bestaunen. Besonders wertvolle Marken liegen hinter imposanten Türen in einem eigenen Raum mit Speziallampen bei 18 °C.

🏛 **Musée Naval** ➡ bC1
Terrasses de Fontvielle, Monaco
✆ +377 92 05 28 48
www.visitmonaco.com/fr/lieu/musees/145/musee-naval
Schifffahrtsgeschichte anhand von über 250 Modellen und Objekten von der Antike bis heute. Die Sammlung ist eine der vielfältigsten weltweit.

Eine der Attraktionen in Monte Carlo: das Spielkasino

🏛 ✈ 🎡 Musée Océanographique
➡ bD2

2, av. St-Martin, Monaco
℡ +377 93 15 36 00
musee.oceano.org
Keine Angst vorm weißen Hai,
der lebt mit seinen Verwandten
– 4000 Arten von Meeresgetier –
in einer großen Lagune im Oze-
anografischen Museum. Beeindruckend ist die Lage des im Jahr
1910 von Prinz Albert I. gegründeten Meeresmuseums: Seine
imposante Fassade ragt auf einer
steilen Klippe in den Himmel.

🏛 Nouveau Musée National de Monaco
– Villa Sauber ➡ bA4

17, av. Princesse Grace
℡ +377 98 98 48 60
– Villa Paloma ➡ bB1

56, bd. du Jardin Exotique
℡ +377 98 98 91 26
Monacos Nationalmuseum besteht aus der Villa Sauber und
der der Villa Paloma. Dort wird
zeitgenössische Kunst gezeigt.

👁 🎲 Casino de Monte-Carlo
➡ bB3

Place du Casino, Monaco
℡ +377 98 06 41 51
www.montecarlosbm.com
Den Bau des pompösen Zocker-
paradieses schuf Charles Garnier.

👁 Cathédrale de Monaco
➡ bD1/2

8, rue Émile de Loth, Monaco
℡ +377 99 99 14 00
cathedrale.diocese.mc
Anno 1875 wurde die römisch-
byzantinische Kathedrale aus
weißem Turbie-Gestein erbaut.
Sie ist die letzte Ruhestätte der
Fürstenfamilie. 2005 wurde Fürst
Rainier III. neben seiner 1982 ver-
storbenen Frau, Fürstin Gracia
Patricia, bestattet. Eine schlichte
Grabplatte erinnert an sie. Prunk-
voll sind hingegen der Altar und
der erzbischöfliche Thron aus weißem Carrara-Marmor.

Nobel: das Foyer des Hotels Hermitage in Monte Carlo

👁 🎭 Opéra de Monte Carlo
➡ bB3

Place du Casino, Monaco
℡ +377 98 06 28 28
www.opera.mc
Das prächtige Opernhaus wurde
1878 errichtet. Von Gustave Eiffel
stammt das Stahlgerüst, das die
35 m hohe Kuppel stützt.

👁 Palais Princier de Monaco
➡ bC1

Place du Palais, Monaco
℡ +377 93 25 18 31
www.visitepalaisdemonaco.com
Die Grimaldis wussten schon
immer, wo es schön ist. Ihr 1215
auf den Mauern einer einstigen
Festung der Genueser erbauter
Fürstenpalast besticht durch seine
einzigartige Lage. Wenn die Grimaldis im Sommer nicht zu Hause
sind, können Teile des Palasts wie
die Galerie im italienischen Stil,
der Salon Louis XV., der Thron-
saal, die Tour Ste-Marie und der
Ehrenhof besichtigt werden.

🐾 🎡 Jardin Animalier ➡ bC1
Terrasses de Fontvielle
Monaco
℡ +377 93 50 40 30
www.palais.mc/fr/musees-et-visi

tes/le-jardin-animalier-de-mona
co-1-41.html
Tiergehege am Berg, in dem einige Affenarten, Löwen, Tiger, Rep-
tilien und exotische Vögel leben.

**✿🏛 Jardin Exotique/Musée
d'Anthropologie Préhistorique**
➡ bB1
62, bd. du Jardin-Exotique
Monaco
✆ +377 93 15 29 80
www.jardin-exotique.mc
www.map-mc.org
Jardin Exotique zzt. geschl., das
Centre Botanique ist geöffnet
Der Garten zeigt Tausende exotische Pflanzen. In der Grotte
de l'Observatoire unterhalb des
Pflanzenparadieses wechseln sich
Stalaktiten und Stalagmiten ab.

Neben dem Garten beschäftigt
sich das **Musée d'Anthropologie
Préhistorique** mit der Urgeschich-
te der ersten hiesigen Bewohner.

✿ Jardin Japonais ➡ bB4
Av. Princesse Grace, Monaco
✆ +377 98 98 83 36
www.visitmonaco.com/fr/lieu/
parc-jardin/95/le-jardin-japonais
In der Nähe des Puppen- und Au-
tomatenmuseums erstreckt sich
am Meer entlang ein 7000 m²
großes Stück Asien, der schöne
Japanische Zen-Garten.

✿ Roseraie Princesse Grace
➡ bD1
Av. des Guelfes, Monaco
✆ +377 98 98 83 36
www.roseraie.mc

Das verrückteste Formel-1-Rennen des Jahres

Jedes Jahr im Mai geht der Wahnsinn wieder los. Der Formel-
1-Zirkus hat das Fürstentum Monaco ein langes Wochenende von
Donnerstag bis Sonntag fest im Griff. Erstmals wurde das Rennen
1929 ausgetragen und seit 1955 ist es fester Bestandteil im Grand-
Prix-Kalender. Erstmals seit 1954 wurde 2020 das Rennen wegen der
Corona-Pandemie abgesagt. Die 80. Ausgabe des Großen Preises
findet 2023 statt.

Das Rennen auf dem engen Stadtkurs durch die Stadtteile Monte
Carlo und La Condamine, vorbei am Hafenbecken, durch den Tun-
nel und die gefürchtete Kurve La Racasse gilt als der verrückteste
Grand Prix des Jahres. Das liegt nicht nur an dem Rennen, für das
ganz normale Straßen von 300 Helfern mittels über 800 Tonnen
Stahl, 5500 Leitplanken und 100 000 Schrauben in fünf Tagen in
eine Rennstrecke verwandelt werden. Das gilt auch für Stars und
Sternchen, die mit Yacht oder Privatjet anreisen und die buntesten
und wildesten Partys feiern. Und auch für die Preise, die für einen
Platz auf einem Balkon an der 3,3 Kilometer langen Piste oder für
eine Suite in den Hotels gezahlt
werden.

*Sebastian Vettel beim Großen
Preis von Monaco 2016*

Legendär ist der Kurs aber
auch, weil er den Zuschauern
ein wildes Spektakel bietet und
den Fahrern bei der Hatz durch
die engen Gassen alles abver-
langt. Oder wie es einmal der
ehemalige dreifache Weltmeis-
ter Nelson Piquet ausdrückte:
»Es ist, als würdest Du mit dem
Hubschrauber durchs Wohnzim-
mer fliegen.«

Am Fuß des Altstadtfelsens in Fontvieille wurde nach dem Tod von Prinzessin Gracia Patricia ein Rosengarten angelegt. Anlässlich des 30. Todesjahres 2012 wurde er auf das Doppelte vergrößert. Nun blühen fast 10 000 Rosen in rund 300 Arten.

Théâtre du Fort Antoine
➡ bD3

Av. de la Quarantaine, Monaco
℃ +377 98 98 83 03
www.theatrefortantoine.com
Im steinernen Halbrund ganz im Nordosten des Felsens werden im Sommer Theaterinszenierungen aufgeführt. Außerhalb der Vorstellungen ist der Zutritt zu dem kleinen Amphitheater (350 Plätze) gratis.

Théâtre Princesse Grace
➡ bB/bC3

12, av. d'Ostende, Monaco
℃ +377 93 25 32 57
www.tpgmonaco.mc
Die Theaterbühne von Monaco.

Café de Paris ➡ bB3

Place du Casino, Monte Carlo
℃ +377 98 06 76 23
www.montecarlosbm.com/fr/restaurant-monaco/le-cafe-de-paris
Der Klassiker, um im Sommer auf der Terrasse am Kasino echte Monte-Carlo-Luft zu schnuppern. Innen schönes Brasserie-Ambiente. €€€

Le Louis XV – Alain Ducasse
➡ bB3

Place du Casino, Monte Carlo
℃ +377 98 06 88 64
www.montecarlosbm.com/fr/restaurant-monaco/le-louis-xv-alain-ducasse-hotel-de-paris
Höchst dekorierter Genusstempel von Starkoch Alain Ducasse. Klassisches Ambiente mit Terrasse zum Kasino. €€€

Polpetta ➡ bB2
2, rue Paradis, Monte Carlo

Das Café de Paris in Monte Carlo

℃ +377 93 50 67 84
www.restaurantpolpetta.com
Ordentlicher, rustikaler Italiener mit Veranda. €€

buddha-bar Monte-Carlo
➡ bB3

Place du Casino, Monte Carlo
℃ +377 98 06 19 19
Exotische Bar, mit Happy Hour.

Chocolaterie de Monaco
➡ bD2

Place de la Visitation, Monaco

In einem ehemaligen Konzertsaal: die buddha-bar Monte-Carlo

In imposanter Lage: das Ozeanografische Museum in Monte Carlo

☎ +377 97 97 88 88
www.chocolateriedemonaco.com
Seit rund 90 Jahren gibt es dieses Schokoladenparadies, das nur Schokolade mit mindestens 70 Prozent Kakao herstellt und verkauft.

📖 Manufacture de Monaco
➡ bB3/4
Centre Commercial Le Métropole
4, av. de la Madone
Monaco
☎ +377 93 50 64 63
www.mdpm.com
Boutique der Porzellanmanufaktur der monegassischen Familie Rozewicz, die auch fürs Fürstenhaus produziert.

📖 Noor Arts ➡ bC1
15, rue Princesse Caroline
Monaco
☎ +377 93 50 12 55
Im Zentrum gelegener Antiquitätenladen, der Schmuck, Kristall, Bilder und Art-déco-Stücke im Angebot hat.

✈ Stade Louis-II ➡ westl. bD1
3, av. des Castelans, Monaco
www.asmonaco.com
Ein Mekka für Sportfans. Fußballstadion für 20 000 Zuschauer und Swimmingpool mit olympischen Maßen.

✈ Monaco aus der Vogelperspektive
Wenn schon dekadent, dann richtig. Das Fürstentum kann man sich auch aus der Luft angucken, man braucht dazu nur einen zehn-, 20- oder sogar 30-minütigen Helikopterrundflug zu buchen.

Es gibt aber beispielsweise von Monacair (www.monacair. mc) und Heli Air Monaco (www. heliairmonaco.com) auch einen regelmäßigen Liniendienst nach Nizza. So hebt etwa alle 15 Minuten in Monaco ein Helikopter Richtung Nizza Airport ab. Die Flugzeit beträgt zwar nur rund sieben Minuten, aber der Blick auf die Französische Riviera ist fantastisch – wenn man auf der richtigen Seite sitzt.

🎉 Feste
Highlights des jährlichen Event-Kalenders sind im Januar die **Rallye Monte-Carlo** und das **Internationale Zirkusfestival**.

Im April findet das **Tennis-ATP-Turnier** statt und Ende Mai startet der **Formel 1 Grand Prix de Monaco**.

Ausflugsziel:

◉ 🏛 **Trophée d'Auguste à la Turbie** ➜ B9
Av. Albert 1er, La Turbie
℡ 04 93 41 20 84
www.trophee-auguste.fr
Das 1777 fertiggestellte Denkmal über der Küste Monacos feiert die Verkündung der *Pax Romana* und den Sieg Kaiser Augustus über die Liguren. Man sieht noch Teile des Fundaments, Wandreste und einige Säulen. Erhalten ist der prächtige Innenraum. Der Hauptaltar besteht aus 17 Marmorsorten, ein anderer aus Onyx und Achat. Das Museum beherbergt archäologische Sammlungen.

🔟 Menton ➜ B9
Es heißt, Eva soll in Menton einen Zitronenbaum gepflanzt haben, den sie aus dem Paradies stibitzt hat. Kein Wunder also, dass es »Stadt der Zitrusfrüchte« genannt wird. Als wäre das nicht schon genug, wird der 30 000 Einwohner zählende Ort in traumhafter Mittelmeerlage kurz vor der italienischen Grenze auch mit einem ausgesprochen milden Klima verwöhnt. Der Winter scheint ein Fremdwort zu sein, 316 Sonnenscheintage pro Jahr werden gezählt.
Menton ist die Hauptstadt der Parks und Gärten an der Französischen Riviera, zahlreiche tropische und subtropische Pflanzen gedeihen hier. Im 19. Jahrhundert wurden viele prächtige Parks angelegt, sieben gibt es allein im Stadtgebiet. Da wären z. B. der **Jardin Maria Séréna**, dem das mildeste Klima in ganz Frankreich nachgesagt wird, oder die unter Denkmalschutz stehenden Gärten **Jardin de la Serre de la Madone** und **Fontana Rosa**. Im **Jardin botanique du Val Rahmeh** kann man eine botanische Weltreise machen.

Auch architektonisch ist die Stadt, die sich seit 1346 im Besitz der Grimaldis, der Herrscher von Monaco, befand und sich erst 1860 zum Anschluss an Frankreich entschloss, hübsch. Um die Stadtgeschichte kennenzulernen, braucht man nur spazieren zu gehen.
Beim Rundgang passiert man das Mittelalter, kommt an barocker Architektur vorbei, durchstreift den Belle-Époque-Badeort und ein Stück Italien ist beim Stilmix auch dabei. Einfache Häuser und enge Gassen, Paläste und Parks prägen das Stadtbild.
Die **Altstadt** steht unter Denkmalschutz und die **Markthalle**, immer noch betriebsam, ist ein Juwel der Belle Époque. Das **Palais Carnolès**, die ehemalige Sommerresidenz der Prinzen von Monaco, beherbergt heute das **Musée des**

Das immergrüne Menton an der Französischen Riviera

*Die italienisch beeinflusste Barock-
kirche St-Michel in Menton*

Beaux-Arts. In der ehemaligen
Bastion von 1636 widmet sich ein
Museum Jean Cocteau.

Ein barockes Juwel thront über
der Stadt: die **Basilika St-Michel**,
ihr gegenüber erhebt sich die
Büßerkapelle. Im Inneren der Basilika sollte man einen Blick auf
das Gewölbe des Mittelschiffs
mit Trompe-l'œil-Malereien wer-
fen. Imposant ist auch die zum
Kirchenvorplatz führende Frei-
treppe.

Im Sommer wird der Platz für
das jährliche Kammermusikfesti-
val Festival de Musique zur Open-
Air-Bühne mit vielen Zuschauern.

🛈 Office de Tourisme ➡ B9
8, av. Boyer, Palais de l'Europe
06500 Menton
✆ 04 83 93 70 20, www.menton-
riviera-merveilles.fr
Bietet u. a. Erkundungsrundgän-
ge auf den Spuren berühmter
Persönlichkeiten.

**🛈 In allen Museen von Menton
ist der Eintritt frei, mit Ausnah-
me des Musée Jean Cocteau.**

🚂 Petit Train de Menton ➡ B9
Promenade du Soleil
Menton

✆ 04 42 72 21 70
Der Touristenzug bummelt gemächlich durch Menton.

🏛 Galerie d'Art Contemporain
➡ B9
Im Palais de l'Europe
8, av. Boyer, Menton
✆ 04 92 41 76 73
Wer das Office de Tourisme auf-
sucht, kann im Erdgeschoss des
Hauses zeitgenössische Kunst
anschauen.

🏛 🌳 Musée des Beaux-Arts
➡ B9
Palais Carnolès
3, av. de la Madone, Menton
✆ 04 93 35 49 71
Die Gemälde in der ehemaligen
Sommerresidenz der Prinzen von
Monaco umfassen den Zeitraum
vom 13. Jh. bis heute. Den Palast
umgibt ein herrlicher Park mit
Skulpturen und der wichtigsten
Zitronenbaumsammlung Europas
(geöffnet wie Museum).

**🏛 Musée Jean Cocteau Collec-
tion Séverin Wunderman** ➡ B9
Bastion du Vieux Port
Menton
✆ 04 93 18 82 61
www.museecocteaumenton.fr
Über dem alten Hafen erhebt sich
Le Bastion, eine kleine Festung
aus dem 17. Jh., die unter Cocteaus Mitwirkung zu seinem Museum umgewandelt wurde. Außerdem gibt es einen 2011 fertig-
gestellten spektakulären Neubau
des Architekten Rudy Ricciotti mit
Werken des Künstlers sowie bekannten Malern des 20. Jh. wie
Matisse, Picasso, Chagall etc.

**🏛 Musée de Préhistoire
Régional** ➡ B9
Rue Lorédan Larchey
Menton
✆ 04 89 81 52 12
Hier geht es um den Mittelmeer-
menschen vor einer Million Jah-
ren.

👁🎵 Monastère de l'Annonciade
➡ B9

Über den 464 Stufen zählenden und von Gebetsstationen gesäumten Rosenkranzpfad erreicht man das auf einem Hügel gelegene Kloster, das seit 140 Jahren von Kapuzinermönchen geführt wird. Tolle Aussicht auf die Riviera! Im Juli lohnt der Besuch der Musikabende.

👁 La Salle des Mariages Jean Cocteau ➡ B9

Im Hôtel de Ville, 17, rue de la République, Menton
℡ 04 89 81 52 70
Verliebte sollten sich überlegen, in Menton zu heiraten. Aus einem normalen Rathaussaal hat der Künstler Jean Cocteau Ende der 1950er Jahre einen einzigartigen Rahmen fürs Jawort geschaffen. Die großformatigen Wandbilder lohnen den Besuch aber auch ohne eindeutige Absichten.

🌳🌼 Le Clos du Peyronnet ➡ B9

68, bd. du Garavan
Chemin du Peyronnet
Menton
℡ 04 83 93 70 20
Besichtigung auf Anfrage
In stufenförmig angelegten Becken des Parks der Familie Waterfield plätschert das Wasser hinun-

---

Besuch der Gärten und Parks von Menton

Bereits im 19. Jahrhundert legten Botaniker, viele von Ihnen aus England, in Menton wunderschöne Gärten an, die zum größten Teil in privatem Besitz waren. Dank des besonderen Mikroklimas gelang es ihnen, tropische und subtropische Pflanzenarten zu kultivieren, die sich hervorragend akklimatisieren konnten. Im **Park des Palais Carnolès**, in dem sich auch das Museum der schönen Künste befindet, wachsen beispielsweise über 100 verschiedene Zitruspflanzen, Pampelmusen, Mandarinen, Clementinen, Kumquat und Bergamotte.

Der schönste aller Gärten in Menton ist vielleicht der vom britischen Landschaftsarchitekten Lawrence Johnston gestaltete **La Serre de la Madone**, der über 20 Terrassen in die Höhe steigt und über 600 Baumarten beherbergt. Einige Parks können nur im Rahmen einer Führung besucht werden. Informationen erteilt das örtliche Office de Tourisme.

Der Juni, wenn die Bäume, Sträucher und Blumen in voller Blüte stehen, steht in Menton übrigens ganz im Zeichen der Gärten und Parks, dann werden den ganzen Monat über außergewöhnliche Besichtigungen angeboten.

Von einem Briten entworfen: der Garten La Serre de la Madone

Menton wird auch »Stadt der Zitrusfrüchte« genannt

ter bis ins Mittelmeer. Gewächse vornehmlich aus Südafrika.

 Jardin botanique du Val Rahmeh ➡ B9
Av. St-Jacques, Menton
☎ 04 83 93 70 20
Park mit vielen außereuropäischen Pflanzen. Hier steht auch eines der seltenen Exemplare der *Sophora toromino*, des mystischen Oster-insel-Baums.

Die stilvolle Markthalle von Menton

Jardin Fontana Rosa – Jardin des Romanciers ➡ B9
Av. Vicente Blasco Ibanez
Menton
☎ 04 83 93 70 20
Der in den 1920er Jahren angelegte Park mit damals modernen spanischen Keramiken steht unter Denkmalschutz und ist der Literatur von Cervantes, Dickens, Shakespeare und Honoré de Balzac gewidmet, deren Büsten am Eingang stehen. Der spanische Schriftsteller Vicente Blasco Ibáñez (»Mare Nostrum«) legte den Garten gemeinsam mit seiner Frau Elena in den 1920er Jahren an.

Jardin Maria Séréna ➡ B9
21, promenade Reine Astrid
Menton
☎ 04 83 93 70 20
Auf 1,5 ha wachsen tropische und subtropische Pflanzen, darunter Farnpalmen. Die Villa Maria Séréna wurde vom Architekten Charles Garnier entworfen.

Jardin de la Serre de la Madone ➡ B9
74, route de Gorbio, Menton
☎ 04 83 93 70 20
1919–39 angelegter Park mit Ter-

rassen, Steingärten, Orangenhainen, Pergolas, Wasserflächen und seltenen Pflanzen.

♣ 🏞 Plateau St-Michel ➡ B9

12 ha großes Gelände auf einem Hügel mit uralten Ölbäumen, Pinien, Eukalyptusbäumen und Mimosen. Von hier bietet sich eine herrliche Aussicht auf Menton und seine Umgebung.

✕ Le Bistrot des Jardins ➡ B9

14, av. Boyer, Menton
☎ 04 22 13 10 53
www.le-bistrot-des-jardins.fr
Frische Marktküche, die man am besten im schönen Garten genießt. €€€

✕ A Braïjade Méridionale ➡ B9

66, rue Longue, Menton
☎ 04 93 35 65 65
www.abraijade.fr
Gutes Restaurant in der Altstadt mit Mini-Terrasse und mediterraner Küche. €€–€€€

✕ Little Italy ➡ B9

7 rue Pieta, Menton
☎ 09 67 19 15 44
Typischer Italiener mit freundlicher Bedienung und gutem Essen. €–€€

📖 L'Arche des Confitures ➡ B9

2, rue du Vieux College
Menton
☎ 04 93 57 20 29
Das Marmeladenhaus von Menton. Die dazugehörige Fabrik kann besichtigt werden.

📖 Au Pays du Citron Menton ➡ B9

24, rue Saint-Michel, Menton
☎ 04 92 09 22 85
www.aupaysducitron.fr
Alles aus Zitrone – vom Duftwasser bis zur Marmelade.

📖 Marche des Halles ➡ B9

Quai de Monléon
Menton

Beim Zitronenfest in Menton werden gigantische Skulpturen aus Zitrusfrüchten gebaut

Jeden Vormittag wird hier frisches Obst und Gemüse verkauft.

🎭 🎵 Feste

Mitte Februar wird zwei Wochen lang das **Zitronenfest** mit farbenfrohen Umzügen und Paraden gefeiert. Das **Festival de Musique** begleitet den Ferienmonat **Juli** musikalisch. Im Sommer dient die Altstadt als Bühne für das **Straßentheater**.

Im **Juli** wird beim Festival **Menton, ma Ville est Tango** getanzt.

Ausflugsziel:

👁 📖 Mercato Settimanale

Lungo Roia G. Rossi
Via Vittorio Veneto, Ventimiglia
Wer an einem Freitagvormittag Zeit für einen Trip in das italienische Grenzstädtchen Ventimiglia hat, kann den riesigen Wochenmarkt, einen der größten in ganz Italien, auf der Neustadtseite des Grenzflusses Roia besuchen. In etwa zehn Minuten gelangt man von Menton mit der Bahn über die Landesgrenze. Der Zug hält direkt am Ort des Geschehens. ■

Côte d'Azur in Zahlen und Fakten

Region: Die Côte d'Azur gehört zur Region Provence-Alpes-Côte d'Azur mit der Provinzhauptstadt Marseille im Südosten Frankreichs. Das Fürstentum Monaco zählt ebenfalls zur »Blauen Küste«.
Ausdehnung: Nicht nur die malerische Küste mit ihren Ferienorten, auch das auf mehrere hundert Meter Höhe steil ansteigende Hinterland mit sehenswerten bekannten Städten wie Grasse ist Teil der Côte d'Azur. Im Osten wird sie von Italien begrenzt, im Westen reicht sie – zumindest in diesem Buch – bis Toulon, je nach Sichtweise aber auch schon mal bis Marseille oder nur bis westlich von Cannes.
Hauptstadt: Die Hauptstadt der Côte d'Azur ist Nizza mit etwa 350 000 Einwohnern.
Einwohner: In der gesamten Provinz leben derzeit ca. 4,5 Mio. Menschen.

Anreise, Einreise

In Frankreich ist es Pflicht, den **Personalausweis oder Reisepass** immer bei sich zu tragen. Wer innerhalb der EU mit Hund, Katze oder Frettchen reisen möchte, benötigt für seinen Vierbeiner einen sogenannten **EU-Heimtierpass**, der dem Tier anhand eines Mikrochips eindeutig zuzuordnen ist und von einer Tierarztpraxis ausgestellt werden kann. Das Tier darf nicht jünger als drei Monate sein. Der Pass muss den Nachweis einer gültigen Tollwutimpfung enthalten (mind. 30 Tage, max. 12 Monate alt). Dieser Regelung hat sich die Schweiz angeschlossen.

Kampfhunde dürfen nicht nach Frankreich mitgenommen werden, Wach- und Schutzhunde nur, wenn beim Zoll Geburtszeugnis und Stammbaum vorgelegt werden. Hunde müssen eine Marke tragen. Am Halsband sollte man Namen, Heim- und Urlaubsadresse vermerken.

Für den Fall, dass Bello entlaufen ist, wendet man sich an die örtliche Polizei und den französischen Tierschutzverband **Société de Protection des Animaux:** ℡ 01 43 80 40 66
www.spa.asso.fr.

Mit dem Auto

Wer mit dem Auto anreist, kann wählen: Die Autobahnen A 6 und A 7 verbinden Paris und Lyon und die großen europäischen Autobahnnetze mit Marseille. Von dort führt die A 8 zur Côte d'Azur. Fährt man über die Schweiz oder Österreich, muss man eine Vignette erwerben.

Über die Autobahnmaut *(péage),* Tankstellen und Raststätten entlang den Straßen informiert www.autoroutes.fr (nur französisch). Ab April 2017 werden nach Paris in weiteren Städten Umweltzonen einführen, in die man dann nur noch mit Plakette fahren darf. Welche das sind, ist zum Zeitpunkt der Drucklegung nicht bekannt.

Über die aktuelle Verkehrslage informiert www.vinci-autoroutes.com. Im Radio wird die Verkehrssituation auf den Straßen beim Sender *Radio Vince* (UKW 107.7) verkündet.

In den Monaten Juli und August sollte man möglichst nicht an einen Samstag an- oder abreisen, dann sind kilometerlange Staus vorprogrammiert.

Mit dem Zug

Die meisten Städte an der Côte d'Azur sind mit dem Zug zu

erreichen. Von Paris aus fährt der Hochgeschwindigkeitszug **TGV** (Platzreservierung unter de.voyages-sncf.com/de) nach Marseille, Toulon, Cannes, Nizza und Antibes. Zwischen Fréjus und Menton verläuft die Bahnstrecke Marseille–Toulon–Genua entlang der Küste.

Mit dem Flugzeug
Die internationalen Flughäfen sind Nice-Côte d'Azur und Marseille-Provence. In Toulon-Hyères gibt es einen europäischen Flughafen.

✈ Aéroport International Marseille-Provence
✆ + 33 (0) 820 81 14 14
www.marseille-airport.com
Pendelbusse von/nach Marseille Stadtmitte alle 15–20 Min.: Flughafen–Marseille Stadtmitte tägl. 5.10–0.10 Uhr
Marseille Stadtmitte–Flughafen tägl. 4.30–23.30 Uhr

✈ Aéroport International Nice-Côte d'Azur ➡ C8
✆ + 33 (0) 4 89 88 98 28, (0) 8 20 42 33 33
www.nice.aeroport.fr
Die Buslinien 98 und 99 verbinden von etwa 6–24 Uhr den Flughafen mit dem Zentrum von Nizza. Busse verkehren etwa alle 20 Minuten.

✈ Aéroport Toulon-Hyères ➡ F3
✆ + 33 (0) 4 94 38 20 20
www.toulon-hyeres.aeroport.fr

Auskunft

ℹ Atout France – Französische Zentrale für Tourismus
Postfach 100128
60001 Frankfurt am Main
www.france.fr/de/
Broschüren können von der Internetseite heruntergeladen werden.

ℹ Atout France in Österreich
Wien
✆ (01) 503 28 92
at.france.fr

ℹ Atout France Schweiz
www.france.fr/de/
Es gibt kein Büro in der Schweiz.

ℹ Regionales Fremdenverkehrsamt Provence-Alpes-Côte d'Azur
61, la Canebière, 13231 Marseille
✆ +33 (0) 4 91 56 47 00
www.decouverte-paca.fr

Adressen und Websites der örtlichen Tourismusbüros finden Sie bei den jeweiligen Orten unter den Reiseregionen. Dort kann man sich vorab informieren und Material bestellen.

Automiete, Autofahren

Mietwagen gibt es an den Flughäfen, auf großen Bahnhöfen und in den Städten. Internationale Anbieter wie Sixt, Budget, AVIS, Europcar und Hertz sind auch an der Côte d'Azur vor Ort. Wer ein Auto mieten möchte, muss seit mindestens einem Jahr einen **Führerschein** haben und mindestens 23 Jahre alt sein. In der Regel empfiehlt es sich, besonders in der Hauptreisezeit, schon zu Hause zu buchen.

Im Auto besteht vorn und hinten **Gurtpflicht** (Kinder unter

Das milde Klima an der Côte d'Azur lässt Pflanzen üppig blühen

zehn Jahren müssen hinten und auf einem Kindersitz bzw. einer Sitzerhöhung sitzen).

Folgende **Geschwindigkeitsbegrenzungen** gelten: 50 km/h in der Stadt, 130 km/h auf Autobahnen, 110 km/h auf Schnellstraßen, 90 km/h auf allen anderen Straßen. Geschwindigkeitsüberschreitungen können teuer werden: Wer bis zu 50 km/h zu schnell ist, kann mit einem Bußgeld von € 135 und drei Jahren Fahrverbot in Frankreich bestraft werden.

Fährt man ohne im Besitz eines **Führerscheins** zu sein und wird erwischt, muss man mit einer hohen Geldstrafe und einem Jahr Freiheitsentzug rechnen. Die **Promillegrenze** liegt bei 0,5. Kommt man alkoholisiert in eine Verkehrskontrolle, kann das mit einem hohen Bußgeld, einem dreijährigen Fahrverbot in Frankreich und zwei Jahren Gefängnis enden.

Seit 2012 sind Auto- und Motorradfahrer angehalten, einen unbenutzten Alkoholtest mitzuführen. Außerdem muss man eine Warnweste dabei haben. Wer beim Telefonieren mit dem Handy ohne Freisprechanlage erwischt wird, muss ebenfalls mit einem Bußgeld rechnen (ab € 135. Wer gleich bezahlt, ist mit € 22 dabei).

Bei **Pannen und Notfällen** auf der Autobahn sollte man eine SOS-Rufsäule nutzen, dann ist man gleich mit der Gendarmerie, der Polizei oder der Autobahngesellschaft verbunden. Auf Autobahnen und Schnellstraßen dürfen nur lizenzierte Firmen abschleppen. Die Tarife sind reglementiert.

In den Städten gibt es neben Zonen mit Parkscheinautomaten auch Parkhäuser. Letztere sind zwar nicht billig, ersparen aber häufig die Parkplatzsuche.

Die gute Nachricht: Bei den großen Supermärkten wie Intermarché, Champion und Shopi gibt es meist gleich eine Billigtankstelle. Unter www.clever-tanken.de kann man sich über den Service der französischen **Tankstellen** und die aktuellen Benzinpreise informieren.

Achtung: An manchen Flussufern weist ein gelb-schwarzes Warnschild auf die Gefahr von schnell ansteigendem Hochwasser durch Staudämme und Kraftwerke hin. Auch bei schönem Wetter sollte man diese Warnungen ernst nehmen!

Diplomatische Vertretungen

ⓘ **Französische Botschaft in Deutschland**
Pariser Platz 5, 10117 Berlin
☏ (030) 590 03 90 00
de.ambafrance.org
Französische Generalkonsulate gibt es in Düsseldorf, Frankfurt/Main, Hamburg, München, Saarbrücken, Stuttgart.

ⓘ **Französische Botschaft in Österreich**
Technikerstr. 2, 1040 Wien
☏ (01) 502 75-0
at.ambafrance.org

ⓘ **Französische Botschaft in der Schweiz**
Schlosshaldenstr. 46, 3006 Bern
☏ (031) 359 21 11
ch.ambafrance.org

An der Côte d'Azur:

ⓘ **Deutsches Konsulat**
81, rue de France
06200 Nizza
☏ 04 93 83 55 25
botschaft-konsulat.de/deutsches-konsulat-nizza/

ⓘ **Österreichisches Generalkonsulat**
5, rue de la Préfecture
06300 Nizza
☏ 04 93 87 01 31
www.bmeia.gv.at

ℹ Schweizer Generalkonsulat
Antinea, 50, Corniche Fleurie
06200 Nizza
✆ 06 37 16 21 85
www.eda.admin.ch

Einkaufen

Natürlich sind vor allem die mondänen Küstenorte, allen voran St-Tropez und Monaco wahre Shopping-Paradiese. Insbesondere bei Mode und Schmuck sind hier die führenden Weltmarken vertreten. Für Kunstinteressierte lohnt ein Blick in die zahlreichen Galerien und Kunsthandwerksläden. Daneben locken besonders die regionalen Produkte wie Wein, kandierte Früchte aus Nizza, Konfitüren aus Menton, Parfüm aus Grasse, Glas aus Biot, Keramik aus Vallauris, Käse, Pasteten, Olivenöl, Schokolade und vieles mehr.

Essen und Trinken

Die südfranzösische Küche lebt von den frischen Produkten, die überall auf den Märkten angeboten werden. *Terroir* heißt das Zauberwort. Laut Wörterbuch bedeutet es (Acker-) Boden, aber auch »seine Herkunft nicht verleugnen können«. Beim Essen und Trinken soll man die Region schmecken. Das gelingt bei den **Weinen** wie Côte du Rhône, Cassis, Bandol, Côte de Provence etc. recht gut, bei **Oliven, Kräutern, Trüffeln** oder **Lämmern** aus Sisteron ebenfalls. Und natürlich an der Küste mit Meeresfrüchten wie Muscheln und Austern.

Eines der beliebtesten Gerichte an der Küste ist *Moules frites* in den unterschiedlichsten Variationen. Weitere Spezialitäten sind *Ratatouille*, ein Gemüseeintopf aus Auberginen, Tomaten, Paprika, Zwiebeln und Zucchini in Olivenöl und Knoblauch gedünstet

Das Restaurantangebot reicht vom *restaurant rapido* (die französische Fast-Food-Variante) über typische Bistros, bodenständige *Tables d'Hôtes*, Multikulti-Lokale und Pizzerien bis zur Sushi-Bar und dem Sterne-Restaurant. Das Vaucluse hat die meisten Sterne-Köche.

Wer auf Tour ist, sollte sich an die hiesigen Essenszeiten halten. Mittagessen gibt es vielfach nur bis 14 Uhr. Danach ist die Küche geschlossen und macht erst abends wieder auf. Die letzte Bestellung wird meist um 21.30

Gasse in der Altstadt von Grasse

Mediterranes Schlemmen in einem kleinem Restaurant in Nizza

Uhr angenommen. Restaurants mit durchgehender Küche sind sehr selten und fast nur in den Städten und den bekannten Touristenorten anzutreffen.

In vielen Lokalen ist es nach wie vor noch üblich, ein Menü zu bestellen, das mittags immer günstiger ist. Außerdem serviert fast jeder Wirt ein preiswertes Tagesgericht *(plat du jour)*. Allerdings ähneln sich die Speisekarten vielerorts sehr und Gänsestopfleber, Kaninchen in Rosmarin, *Coq au Vin* sowie *Steak-Frites* sind häufig vertreten. Die Menüs darf man oft selbst zusammenstellen, indem man bei jedem Gang die Wahl zwischen drei bis fünf Speisen hat. Preisgünstiger als à la carte ist das Menü allemal.

In einigen, meist besseren Restaurants können nur Menüs bestellt werden. Hängt der Name des Kochs *(cuisinier)* vor dem Eingang, sagt das etwas über die gute Qualität der Gerichte aus. Diese Häuser bieten in steigender Zahl auch Kochkurse an.

Neben Wein sind *Kir* und *Pastis* die Klassiker, die viel getrunken werden. Der ultragrüne Drink, der so gerne im Café bestellt wird, heißt *Menthe à l'eau*: Wasser mit einem Schuss Minzsirup – ein echter Durstlöscher.

Feiertage, Feste, Ferien

An den nachfolgenden Feiertagen sind auch die Institutionen, die sonst täglich geöffnet haben, in der Regel geschlossen:

1. Januar (Neujahr)
Ostern
1. Mai (Tag der Arbeit)
8. Mai (Ende des Zweiten Weltkriegs)
Christi Himmelfahrt
Pfingsten
14. Juli (Nationalfeiertag)
15. August (Mariä Himmelfahrt)
1. November (Allerheiligen)
11. November (Ende des Ersten Weltkriegs)
19. November (Staatsfeiertag in Monaco)
25. Dezember (Weihnachten)

Die Hauptferienzeit der Franzosen sind im Sommer die Monate **Juli/August**. Vor allem während der Pariser Schulferien wird es überall rappelvoll und teuer. Beliebt sind auch die Ferien im Februar, die viele Franzosen zum Skifahren in den südlichen Skigebieten nutzen.

Bei den einzelnen Orten finden sich Informationen über die jeweiligen regionalen Feste und Veranstaltungen.

Geld, Kreditkarten

Den *Café au lait* bezahlt man in Euro. Touristen aus Nicht-Euro-Ländern können bei den Banken und der Post Geld umtauschen. Auch in Bahnhöfen, Flughäfen und in der Nähe von Sehenswürdigkeiten findet man Wechselstuben. Der Kurs ist festgelegt, die Gebühren variieren. Sie müssen in einem Aushang angegeben sein.

Bargeld kann man mit Kredit- oder EC-Karte an Geldautomaten der Banken abheben. In vielen Geschäften, Restaurants etc. werden Kreditkarten akzeptiert, EC-Karten nicht immer. Die Preise bewegen sich in etwa auf deutschem Niveau, in der Hochsaison ziehen sie jedoch an.

Ist die **Kreditkarte** verloren gegangen, muss man sie umgehend sperren lassen und, sofern sie gestohlen wurde, den Diebstahl der Polizei melden. Die meisten Karten lassen sich über die **zentrale Nummer** ☎ **+49 116 116** sperren oder bei den Kartengesellschaften:

Mastercard:
☎ +1 63 67 22 71 11
www.mastercard.com
Visa:
☎ +1 410 581 99 94
www.visaeurope.com
Diner's Club:
☎ +49 7531 363 31 11
www.dinersclub.fr
American Express:
☎ +49 69 97 97 20 00
www.americanexpress.fr

Hinweise für Menschen mit Handicap

Für Rollstuhlfahrer ist die Côte d'Azur nicht unbedingt ein einfaches Pflaster, man denke nur im Hinterland an die vielen Dörfer an Berghängen mit Treppen und steilen, unebenen Wegen. Auch in vielen Restaurants, Hotels und Chambres d'hôtes sind behindertengerechte Einrichtungen leider oft nicht vorhanden. Wer mit Handicap reist, sollte sich daher vor der Reise gut informieren und das Internet konsultieren, etwa die Seiten der **Association des Paralysés de France** (www.apf.asso.fr) oder der Organisation **Tourisme & Handicaps** (www.tourisme-handicaps.org).

Internet

Fast alle Institutionen, Restaurants, Sehenswürdigkeiten etc. sind in Frankreich auch bei Social Networks wie Facebook präsent und dort mit näheren Informationen zu finden. In vielen Cafés und Hotels gibt es außerdem kostenloses WLAN.

Informationen über die Côte d'Azur findet man im Internet:
www.frankreich-info.de
provence-alpes-cotedazur.com/de/cote-dazur
cotedazurfrance.fr
www.logishotels.com/de
www.gites-de-france.com/de
www.chambres-hotes.fr/index_de.html

Klima, Kleidung, Reisezeit

Die Region Provence-Alpes-Côte d'Azur erfreut sich eines mediterranen Klimas mit trockenen und warmen **Sommern** (bis 35 °C) und geringen Niederschlägen (unter 60 Regentage im Jahr). Im **Winter** ist es an der Küste mild, selten fällt das Thermometer unter 10 °C. In den südlichen Alpen pendeln die Temperaturen zwischen 0 und 5 °C. Im **Frühjahr und Herbst** können die Nächte kühl werden – ein dicker Pulli oder eine Jacke gehören ins Reisegepäck.

Die Côte d'Azur ist wie die Provence ein Ganzjahresreiseziel. Die

Monate **Juli/August** sollte man eher meiden, denn dann ist wegen der französischen Schulferien alles überlaufen und teuer und die Hitze lässt Besichtigungen zur Tortur werden.

Besonders schön und nicht so voll ist es im September/Oktober und auch das Frühjahr hat seinen besonderen Reiz. Schon ab Januar/Februar blühen an der Côte d'Azur Mimosen und Mandelbäume, ab März wird es warm. Mistral heißt der starke Wind, der eine Spitzengeschwindigkeit von 100 km/h erreichen kann.

Medizinische Versorgung

Vor der Abreise sollte man sich über die Erstattungsbedingungen der eigenen Krankenversicherung informieren. Besorgen Sie sich von Ihrer Krankenkasse die Europäische Krankenversicherungskarte. Sie erleichtert Bürgern aus den EU-Mitgliedstaaten und der Schweiz den Zugang zu medizinischen Versorgungsleistungen während eines vorübergehenden Aufenthalts im Ausland. Zu empfehlen ist zusätzlich der Abschluss einer **Reisekrankenversicherung**, die z. B. auch den Rücktransport übernimmt und weniger als € 10 kostet.

Manche Kreditkarten beinhalten bereits Reisekranken-, Gepäck- und Einkaufsversicherung.

Die Öffnungszeiten der **Apotheken** (pharmacie) entsprechen in der Regel den Geschäftszeiten (Mo–Sa 10–12 und 14–19 Uhr). Für Notfälle gibt es Nacht- und Feiertagsdienste.

Mit Kindern an der Côte d'Azur

Die Côte d'Azur ist sicherlich kein typisches Familienreiseziel, doch Kinder sind meist gern gesehen, in Unterkünften und Restaurants ist man in der Regel auf sie eingestellt. Neben den zumeist kinderfreundlichen Stränden locken etwa eine Fahrt mit dem **Petit Train** in Nizza oder Menton, das **Marineland** (www.marineland.fr) bei Antibes, das Freizeitbad **Aquatica Frejus** (www.parc-aquatica.com), das **Wassersportzentrum Antibes/Juan-les-Pin**, der **Zoo am Cap Ferrat** (www.zoocapferrat.com) oder der **Jardin Animalier** in Monaco.

Auch viele außergewöhnliche Museen wie das **Musée Océanographique** (www.oceano.com) in Monaco stellen reizvolle Ziele für Familien dar, ebenso der Abenteuerparcours **Pitchoun Forest** für Kinder von drei bis zehn Jahren.

Pitchoun Forest → C7
Espace La Vanade
Villeneuve-Loubet
☎ 04 92 02 06 06
www.pitchounforest.com

Nachtleben

Nightlife wird an der Côte d'Azur großgeschrieben. Überall locken Clubs, Diskotheken und Bars, die aber zumeist nicht billig sind – dennoch gibt es nicht nur Lokale für VIPs und Promis, sondern für jeden Geschmack etwas. Zentren sind **St-Tropez, Cannes, Nizza, Monaco** und **Antibes/Juan-les-Pins**. Viele gemütliche Pubs und Kneipen wie das Wayne's oder Ma Nolans Irish Pub gibt es etwa in der Altstadt von Nizza, exklusive Diskotheken wie das Les Caves du Roy in St-Tropez oder elegante Bars wie die buddha-bar in Monaco.

Notfälle, wichtige Rufnummern

Europäische Notfallnummer:
☎ 112
Ärztlicher Notdienst (Secours mé-

dical d'Urgence): ℡ 15
Polizei: ℡ 17
Feuerwehr: ℡ 18
Seenotrettung: ℡ 1616
Die Sperrnummern für Kreditkarten finden Sie unter der Rubrik »Geld, Kreditkarten«.

Öffnungszeiten

Die **Geschäfte** sind in der Regel 10–12 und 14–19 Uhr geöffnet. Kleinere Läden schließen manchmal montags halb- oder ganztags, in großen Supermärkten kann man oft durchgehend und sogar bis 20 oder 21 Uhr einkaufen.

Für **Banken** gelten folgende Zeiten: Mo–Fr 9–12 und 14–16 Uhr. Vor Feiertagen schließen sie oft früher. **Postfilialen** haben normalerweise Mo–Fr 8–11 und 14–18 Uhr geöffnet sowie am Samstagvormittag.

Post, Briefmarken

Seine Urlaubspost wirft man in die gelben Briefkästen am Straßenrand oder vor jeder Postfiliale. In der Regel sind Briefe und Karten in ein bis fünf Tagen zugestellt. Bei der Post, in Souvenirshops und in Tabakläden *(Tabac)* gibt es Briefmarken *(timbres)*. Im Internet findet man die aktuellen Tarife unter www.laposte.fr (auf Französisch).

Presse

In gut sortierten größeren Zeitungsläden erhält man die Frühausgaben aller überregionalen großen deutschen Tageszeitungen in der Regel noch am gleichen Tag.

Die größten regionalen Tageszeitungen sind *Nice Matin* und *Var Matin*. Monatlich erscheint in deutscher Sprache die Riviera-Côte-d'Azur-Zeitung.

Rauchen

Es gilt ein absolutes Rauchverbot in allen öffentlichen Gebäuden, in Restaurants und Bistros. Allerdings kann man in Letzteren zumeist die Glimmstängel noch erstehen.

Sicherheit

An der Côte d'Azur ist es so sicher oder unsicher wie anderswo in Europa – auf seinen Geldbeutel sollte man überall achten und Wertsachen nie im Auto lassen, Handtaschen, Rucksäcke etc. immer verschlossen mit sich tragen und nicht nur locker über die Schultern hängen. Niemals gut sichtbar Reisegepäck oder Gegenstände wie Kamera oder Laptop im geparkten Fahrzeug lassen.

Wem **Ausweis oder Pass** abhanden gekommen sind, sollte erst bei der Polizei oder Gendarmerie Anzeige erstatten und dann sein Konsulat kontaktieren. Ist die **Kreditkarte** weg, muss man sie umgehend sperren lassen, Sperrnummern finden Sie unter »Geld, Kreditkarten«.

Sport und Erholung

Vor allem **Wassersport** wird in jeder Form in den Urlaubsorten angeboten. Insgesamt gibt es an der Blauen Küste über 35 Yachthäfen. Surfen ist entlang der gesamten Côte d'Azur ganzjährig möglich und in allen Touristenorten gibt es entsprechende Wassersportschulen. Besonders beliebt sind **Ceinturon** und **L'Ayguade**, zwei kilometerlange Ostwind-Strände in der Nähe des Flughafens von **Hyères**, mit seichtem Wasser und Kabbelwellen, die sich besonders für Funboard-Anfänger eignen.

Als exzellente **Tauchreviere** gelten die der Küste vorgelagerten Inseln wie die Île de Porquerolles. Ebenfalls sehr beliebt ist **Wandern** auf alten Zöllnerpfaden *(sentier littoral)* oder dem 10 km langen **Planetenweg** in Valberg (www. randoxygene.org).

Schon 1891 wurde der erste **Golfclub von Cannes-Mandelieu** gegründet. In dessen Nähe sind allein 15 weitere Plätze zu finden. Adressen und umfangreiche Informationen zum Thema Golf unter www.cotedazur-tourisme. com/golf und www.golf-terre-mediterranee.fr.

Darüber hinaus gibt es Angebote zum **Reiten, Klettern, Kajakfahren und Mountainbiken**.

Strom

In Frankreich beträgt die Wechselspannung wie in Deutschland 220 Volt. Allerdings unterliegen französische Stecker einer anderen Norm. Flache Eurostecker oder Adapter sind vor Ort in Supermärkten und im Fachhandel erhältlich.

Telefonieren

Die zehnstelligen französischen Rufnummern beginnen in der Provence/Côte d'Azur mit 04, wobei die 0 bei Telefonaten aus dem Ausland weggelassen wird. **Telefonkarten** (für Telefonzellen, aufladbare Karten für Handys, Prepaid-Karten) gibt es bei der Post, in Tabak- und Souvenirläden.

Mit dem Handy kann man seit der Abschaffung der Roaming-Gebühren 2017 innerhalb der EU zum selben Tarif wie zu Hause telefonieren. In vielen Cafés und Hotels gibt es kostenloses WLAN.

Landesvorwahlen:
Frankreich: ☏ +33
Monaco: ☏ +377
Deutschland: ☏ +49
Österreich: ☏ +43
Schweiz: ☏ +41

Trinkgeld

In der Regel ist das Trinkgeld im Preis inbegriffen, dennoch ist es üblich, in Restaurants aufzurunden. Man lässt sich erst den genauen Betrag herausgeben und legt das Trinkgeld dann auf den Tisch. Bei Taxifahrten oder im Hotel ist es ebenfalls angebracht.

Unterkunft

Chambre d'hôtes ist kein Qualitätssiegel, sondern bedeutet nur Privatzimmer. Wer etwas Besonderes sucht, sollte darauf achten, dass das *Chambre d'hôtes* einem Vermarktungsverbund wie etwa den *Guides de Charme* oder *Logis de France* angeschlossen ist.

Während der französischen Schulferien im Juli/August sollte eine Unterkunft unbedingt sehr frühzeitig reserviert werden. Selbst Campingplätze sind dann oft ausgebucht. Urlauber müssen in der Hochsaison mit kräftigen Preisaufschlägen rechnen. In der Nebensaison gibt es häufig Sonderpreise über das Internet, auch Handeln kann sich lohnen.

Hotelketten und Dachverbände:
www.lescollectionneurs.com (französisch, englisch, italienisch)
www.relaischateaux.com (franzö-

sisch, englisch, deutsch)
www.theoriginalshotels.com
(französisch, englisch)
www.logishotels.com (französisch, englisch, deutsch)
www.iguide-hotels.com (französisch, englisch)
www.kyriad.com (französisch,
englisch, deutsch)

Wohnen auf dem Land/Bauernhöfe, Fremdenzimmer, Wanderlager etc.:
www.gites-de-france.com/de

Verkehrsmittel

An der Côte d'Azur und zu den
größeren Städten der Provence
bestehen gute Bahnverbindungen (www.sncf.com). Besonders
schön ist die Strecke an der Küste
zwischen Nizza und Menton. Die
kleineren Städte und Dörfer sind
in der Regel an das öffentliche
Busnetz angeschlossen (www.
eurolines.com/de/countries/frank
reich). Je kleiner jedoch der Ort,
desto seltener die Busverbindung. Größere Städte wie Nizza,
Cannes, Toulon oder Marseille
verfügen über mehr oder weniger
gute städtische Buslinien, in Marseille gibt es zwei U-Bahnlinien.
Straßenbahnen fahren in Nizza
und Marseille.

Zeitzone

In Südfrankreich gilt wie bei
uns die mitteleuropäische Zeit
(Greenwich + 1 Std.) und auch
die Sommerzeit wird wie in der
gesamten EU gehandhabt.

Zoll

Es gelten die Zollbestimmungen
der EU. Waren für den persönlichen Gebrauch sind zollfrei. Ist
die Menge so groß, dass die Zollbehörden gewerbsmäßigen Handel vermuten, müssen die Waren
besteuert werden. Informationen
unter www.zoll.de. ◾

Was ist schöner als eine Zugfahrt entlang der Corniche de l'Estérel?

Die wichtigsten Wörter für unterwegs

Für den Alltag sind sie unerlässlich, die kleinen Floskeln und Redewendungen. Sie werden sehen: Höflichkeit öffnet Türen. Wenn Sie den Begrüßungs- und Dankformeln auch noch die entsprechende Anrede von Madame, Mademoiselle bzw. Monsieur hinzufügen (Bonjour Madame, Merci Monsieur), beherrschen Sie bereits einen beträchtlichen Teil der französischen Gepflogenheiten.

Alltag, Umgangsformen

Guten Tag	*Bonjour*
Guten Abend	*Bonsoir*
Gute Nacht	*Bonne nuit*
Freut mich, angenehm	*Enchanté*
Wie geht's?	*Ça va?* (Antwort: Ça va.)
Wie geht es Ihnen?	*Comment allez-vous?*
Haben Sie gut geschlafen?	*Vous avez bien dormi?*
Auf Wiedersehen	*Au revoir*
Gute Reise!	*Bon voyage!*
Hallo/Tschüss	*Salut*
Bis bald	*A bientôt*
Bis morgen	*A demain*
Einen schönen Tag/Abend (noch)!	*Bonne journée/soirée!*
Ebenfalls/Danke gleichfalls	*Vous de même*
ja, nein	*oui, non*
vielleicht	*peut-être*
Ich heiße …	*Je m'appelle …*
Wie ist Ihr/dein Name?	*Quel est votre/ton nom?*
Verzeihen Sie bitte/Verzeihung!	*Excusez-moi, s.v.p./Pardon (s.v.p. = s'il vous plaît)*
Vielen Dank!	*Je vous remercie/Merci beaucoup.*
Bitteschön/Keine Ursache	*Je vous en prie*

Falls Sie nicht alles verstehen (zugegeben: die Franzosen sprechen manchmal ganz schön schnell), können Sie sagen: *Je ne comprends pas. Parlez un peu plus lentement, s.v.p.* Wenn auch das nichts hilft, bleibt noch die Möglichkeit, sich das Gesagte aufschreiben zu lassen: *Voudriez-vous l'écrire, s.v.p.?*

Autofahren

Was auf Straßenschildern steht

le chantier	Baustelle
la déviation	Umleitung
le péage	Autobahngebühr
interdiction de se garer	Parkverbot
le danger	Gefahr
le verglas	Glatteis
Vous n'avez pas la priorité	Vorfahrt beachten
chaussée déformée	Straßenschäden
Gardez vos distances	Sicherheitsabstand wahren

Rund ums Auto

Mein Auto wurde gestohlen.	*On m'a volé ma voiture.*
Wo sind Sie versichert?	*Quelle est votre assurance?*
fahren	*conduire*
Ihren Führerschein, bitte.	*Votre permis, s.v.p.*
Vous allez beaucoup trop vite.	Sie fahren viel zu schnell.
Fahrzeugschein	*la carte grise*
la limitation de vitesse	Geschwindigkeitsbeschränkung
Parkscheinautomat	*le parcmètre*
Autobahn	*l'autoroute*
Kreuzung	*le carrefour*
Ampel	*le feu*
Parkplatz	*le parking*
parken	*garer la voiture*
Gurt	*la ceinture*
Tankstelle	*la station-service*
Benzin (Oktanzahlen verweisen auf Super- und Normalbenzin: 98 bzw. 95)	*l'essence*
bleifrei	*sans plomb*
Diesel	*le gazole*
Bitte volltanken.	*Le plein, s.v.p.*
Luft nachfüllen	*gonfler les pneus*
Stau	*le bouchon*
überholen	*dépasser*
Fahren Sie langsamer!	*Ralentissez!*
Bußgeld	*l'amende*
Strafzettel	*la contravention, le P.V.*
Zündkerze	*la bougie*
Zündung	*l'allumage*
Zündung einstellen	*réglage de l'allumage*
Zündschlüssel	*la clef de contact*

In der Werkstatt	**Au service de dépannage**
Ich hatte einen Unfall.	J'ai eu un accident.
Ich habe eine Panne.	Je suis tombé en panne.
Das Getriebe ist kaputt.	La boîte de vitesse ne marche plus.
Ich habe einen Platten.	J'ai crevé.
Ich glaube, ich brauche einen neuen Anlasser.	J'ai besoin d'un nouveau démarreur, je crois.
Könnten Sie mich abschleppen?	Pourriez-vous me remorquer, s.v.p.?
Werkstatt	le garage
Öl, Ölstand	l'huile, le niveau d'huile
Einen Ölwechsel, bitte.	Faites la vidange, s.v.p.
Motor	le moteur
Reifen	le pneu
Scheibenwischer	l'essuie-glace
Windschutzscheibe	le pare-brise
Scheinwerfer	le phare

Einkaufen

Ich muss noch einkaufen.	Je dois faire des courses.
Geld	l'argent
Kasse	la caisse
bezahlen	payer
Preisreduzierung	la réduction
kaufen	acheter
verkaufen	vendre
Schaufenster	la vitrine
günstig, teuer	bon marché, cher
etwas mehr/ weniger	un peu plus/moins
kleiner	plus petit
größer	plus grand
Ausverkauf, Schlussverkauf	les soldes
Wo finde ich die Kleidung?	Où puis-je trouver les vêtements?
Ich suche Milch.	Je cherche du lait.
Wie viel kostet dieser Pullover?	Ce pull coûte combien?
Ich brauche Socken.	Je voudrais des chaussettes.
Haben Sie Badeanzüge?	Avez-vous des maillots de bain?
Ich möchte diesen Rock anprobieren.	Je voudrais essayer cette jupe.
Wo sind die Umkleidekabinen?	Où sont les cabines (d'essayage)?
Nehmen Sie Kreditkarten?	Prenez-vous des cartes de crédit?
Welche Größe haben Sie?	Quelle est votre taille?
Ich trage Schuhgröße 40.	Je fais du 40.

ein Paar Schuhe	une paire de chaussures
Hemd	la chemise
Hose	le pantalon
Kleid	la robe
Strumpfhose	les collants
Unterwäsche	les sous-vêtements
Jacke	la veste

Farben	**Les couleurs**
blau	bleu
braun	brun, marron
gelb	jaune
grau	gris
grün	vert
rot	rouge
schwarz	noir
weiß	blanc/blanche

Essen und Trinken

Wo bekommt man's	
Bäckerei	la boulangerie
Konditorei	la pâtisserie
Metzgerei	la boucherie/ la charcuterie
Geschäft	le magasin
Markt	le marché
Lebensmittelgeschäft	l'alimentation
Supermarkt	le supermarché

Im Restaurant	**Au restaurant**
Die Karte, bitte.	La carte, s.v.p.
Getränkekarte/ Weinkarte	la carte des boissons/des vins
Möchten Sie einen Aperitif?	Vous prenez l'apéritif?
Haben Sie gewählt?	Vous avez choisi?
Ich nehme das Menü für 20 €.	Je prends le menu à 20 €.
Als Vorspeise nehme ich ...	Comme entrée je prends ...
Hauptspeise	le plat principal
Nachspeise	le dessert
Weißwein/Rotwein/Tafelwein	le vin blanc/rouge/ de table
Bier	la bière
Bier vom Fass	la pression
eine Karaffe Wasser (Leitungswasser, bekommt man in französischen Restaurants kostenlos dazu)	une carafe d'eau
Mineralwasser ohne Kohlensäure	l'eau plate
Mineralwasser mit Kohlensäure	l'eau gazeuse
schwarzer Kaffee	le café
Milchkaffee	café au lait
Kaffee mit geschlagener Milch	café crème

Schnaps, Magen-bitter	le digestif
Hat es Ihnen geschmeckt?	Vous avez bien mangé?
Die Rechnung, bitte.	L'addition, s.v.p.
Trinkgeld	le pourboire
Rauchen verboten.	Interdit de fumer.
Bitte rufen Sie mir ein Taxi.	Pouvez-vous m'appeler un taxi, s.v.p.
Wo sind die Toiletten?	Où sont les toilettes?

Was auf der Speisekarte steht:

Le poisson	Fisch
les fruits de mer	Meeresfrüchte
huîtres	Austern
moules	Miesmuscheln
la crevette	Garnele
la sole	Seezunge
le saumon	Lachs
le thon	Thunfisch
la truite	Forelle

La viande	Fleisch
le poulet	Huhn
le canard	Ente
l'escalope	Schnitzel
les escargots	Schnecken
la côte d'agneau	Lammkotelett
la dinde	Pute
le bifteck	Steak
le steak haché	Hacksteak
le foie gras	Gänseleberpastete
le mouton	Hammelfleisch
le rôti	Braten
le veau	Kalbfleisch
le jambon	Schinken
la saucisse	Würstchen
le bœuf	Rindfleisch
le porc	Schweinefleisch

Les légumes	Gemüse
les asperges	Spargel
les épinards	Spinat
la choucroute	Sauerkraut
le champignon	Pilz
le haricot	Bohne
les petits pois	Erbsen
la pomme de terre	Kartoffel
le concombre	Gurke
le chou-fleur	Blumenkohl
les crudités	Rohkost
l'oignon	Zwiebel

Les fruits	Obst
la pomme	Apfel
la poire	Birne
la fraise	Erdbeere
la framboise	Himbeere
la pêche	Pfirsich
la prune	Pflaume
le pruneau	getrocknete Pflaume

le raisin (sec)	Traube (Rosine)

Les garnitures	Beilagen
pomme de terre	Kartoffel
pommes sautées	Bratkartoffeln
pommes vapeur	Salzkartoffeln
le riz	Reis
les nouilles	Nudeln
les pâtes	Teigwaren

La cuisson	Zubereitungsarten
à la vapeur	gedämpft
bleu	fast roh
saignant	blutig
à point	medium
bien cuit	gut durchgebraten

Divers	Was es sonst noch gibt
le lait	Milch
la crème	Sahne
la crème Chantilly	Schlagsahne
le fromage	Käse
le fromage blanc	Quark
les herbes	Kräuter
l'huile	Öl
le yaourt	Joghurt
les œufs	Eier
le beurre	Butter
les épices	Gewürze
l'ail	Knoblauch
le sucre, le sel	Zucker, Salz
le poivre	Pfeffer
le vinaigre	Essig
le miel	Honig
le lait longue conservation	H-Milch
la glace (Quel parfum?)	Eis (Welche Sorte?)

Beim Bäcker

In der Bäckerei (boulangerie) gibt es vor allem das klassische Stangenweißbrot. Größe und Gewicht variieren vom pain übers baguette bis zur flûte und ficelle. Letzteres besteht fast nur noch aus knuspriger Rinde, so dünn ist es. Darüber hinaus wächst aber auch in Frankreich das Interesse an dunklerem Brot aus Vollkornteig. Es heißt hier pain complet, ist jedoch mit dem, was man in Deutschland unter einem Vollkornbrot versteht, nicht zu vergleichen. Außerdem gibt's neben croissants und pains au chocolat z.B. brioche (Gebäck), éclair (Brandteig mit Pudding), gâteau (Kuchen) und tarte (Obstkuchen).

Kosmetik/Zeitungen/Post/ Verkehrsmittel

Was Sie zur Körperpflege brauchen

Fön	le sèche-cheveux
Friseur	le coiffeur
Friseurin	la coiffeuse

Haarwaschmittel	*le shampooing*	Er ist krank.	*Il est malade.*
Handtuch	*la serviette*	Ich habe Bauch-/	*J'ai mal à*
Kamm	*le peigne*	Kopfschmerzen.	*l'estomac/à la tête.*
Lippenstift	*le rouge à lèvres*	Sie ist erkältet.	*Elle est enrhumée.*
Pinzette	*la pincette*	Meine Frau ist	*Ma femme est*
Rasierklingen	*les lames de rasoir*	schwanger.	*enceinte.*
Rasierschaum	*la crème à raser*	Stellen Sie mir	*Faites-moi une*
Seife	*le savon*	bitte ein Rezept	*ordonnance, s.v.p.*
Sonnenmilch	*la crème*	aus.	
	antisolaire	Machen Sie bitte	*Ouvrez la bouche,*
Taschentücher	*les mouchoirs*	den Mund auf.	*s.v.p.*
Zahnbürste	*la brosse à dents*	Arm	*le bras*
Zahnpasta	*le dentifrice*	Bein	*la jambe*
		Hand	*la main*
		Auge, die Augen	*l'œil, les yeux*
Zeitung	***La presse** (findet*	Ohr	*l'oreille*
	man im *maison de*	Fuß	*le pied*
	la presse oder im	Herz	*le cœur*
	tabac)	Unfall	*l'accident*
Zeitung	*le journal*	Krankenwagen	*l'ambulance*
Haben Sie	*Avez-vous des*	Zahnarzt	*le dentiste*
deutsche Zeitun-	*journaux alle-*	Durchfall	*la diarrhée*
gen?	*mands?*	Tablette	*le cachet/*
			le comprimé
In der Bank	**À la banque**	Schmerz	*la douleur*
Wo ist der nächs-	*Où est le distribu-*	Fieber	*la fièvre*
te Geldautomat?	*teur de billets le*	Apotheke	*la pharmacie*
	plus proche?	Spritze	*la piqûre*
Ich brauche	*J'ai besoin de*	husten, Husten	*tousser, la toux*
Kleingeld/Mün-	*monnaie/pièces.*	impfen	*vacciner*
zen.			
Eine Unterschrift	*Une signature,*		
bitte.	*s.v.p.*		

In der Post	**À la poste**	**Wie man nach dem Weg fragt (und**	
Fünf Briefmarken	*Cinq timbres*	**die Antwort versteht)**	
für Postkarten,	*pour des cartes*	Könnten Sie mir	*Pourriez-vous*
bitte.	*postales, s.v.p.*	helfen?	*m'aider, s.v.p.?*
Briefkasten	*la boîte aux lettres*	Kennen Sie das	*Connaissez-vous le*
(Blei-)Stift	*le crayon*	Moulin Rouge?	*Moulin Rouge?*
Umschlag	*l'enveloppe*	Ist das weit von	*C'est loin d'ici?*
Paket	*le paquet*	hier?	
		Wo ist der Aus-	*Où est la sortie?*
		gang?	
Verkehrsmittel	**Transports**	Ich habe mich	*Je me suis perdu.*
Zug	*le train*	verlaufen.	
Bahnhof	*la gare*	Wie komme ich	*Quel chemin faut-*
Bus (Überland-	*l'autobus, autocar*	zum Montmar-	*il prendre pour*
bus)		tre?	*aller à Mont-*
Flugzeug	*l'avion*		*martre?*
Flughafen	*l'aéroport*	(nach) links	*à gauche*
Fahrkarte	*billet*	(nach) rechts	*à droite*
Straßenbahn	*le tramway*	geradeaus	*tout droit*
Schnellbahn	*RER Pariser*		
Wo ist die	*Où est la station*	**Welche Sehenswürdigkeiten gibt es**	
nächste Métro-	*de métro plus*	**in der Stadt?**	
Station?	*proche?*	Brücke	*le pont*
Wo muss ich	*Où faut-il des-*	Schloss	*le château*
aussteigen?	*cendre?*	Haus	*la maison*
		Brunnen	*la fontaine*
Beim Arzt	**Chez le**	Denkmal	*le monument*
	médecin	Fluss	*la rivière*
		Kirche	*l'église (f)*
		Museum	*le musée*
Ich habe Hals-	*J'ai mal à la gorge.*	Rathaus	*l'hôtel de ville (m)*
schmerzen.		Turm	*la tour*
Mir ist übel.	*J'ai mal au cœur.*		

Telefonieren	*Téléphoner*
Bleiben Sie dran!	*Ne quittez pas!*
Es ist besetzt.	*C'est occupé.*
Ich möchte gern Herrn… sprechen.	*J'aimerais parler à Monsieur….*
Ist er da?	*Est-ce qu'il est là?*
Ich werde es später noch einmal versuchen.	*J'essayerai plus tard.*
jemanden anrufen	*appeler quelqu'un*
Kann er mich zurückrufen?	*Peut-il me rappeler?*
einen Anruf machen	*donner un coup de téléphone*
Telefonzelle	*la cabine de téléphone*
Telefonkarte	*la carte de téléphone*
Mobiltelefon	*le cellulaire*

Internet	
App	*l'appli*
Haben Sie WLAN?	*Avez-vous accès Wi-Fi?*
Ich habe kein Signal.	*Je n'ai pas de réseau.*
WLAN-Passwort	*le mot de passe Wi-Fi*
Drucker	*l'imprimante*
Tastatur	*la clavier*
Anhang	*l'annexe*
herunterladen	*télécharger*
sich verbinden mit	*connecter à*
At-Zeichen (@)	*a commercial*

Unterkunft	*Se loger*
Hätten Sie ein Zimmer für zwei Personen?	*Auriez-vous une chambre pour deux personnes?*
für eine Nacht, mit einem Doppelbett	*pour une nuit, avec un grand lit*
oder zwei Betten.	*ou deux lits.*
mit einem Zusatzbett für unser Kind.	*avec un lit supplémentaire pour notre enfant*
Kann ich es sehen?	*Puis-je la voir?*
Ich habe ein Zimmer reserviert.	*J'avais retenu une chambre.*
Wann gibt es Frühstück?	*A quelle heure sert-on le petit déjeuner?*
mit Frühstück	*avec petit déjeuner*
mit Halbpension	*avec demi-pension*
Wecken Sie mich bitte um sieben Uhr.	*Réveillez-moi à sept heures du matin, s.v.p.*
Den Schlüssel für Zimmer 10, bitte.	*La clé numéro dix, s.v.p.*
Wir reisen morgen/übermorgen ab.	*Nous partirons demain/dans deux jours.*
Waschbecken	*le lavabo*
Badezimmer	*la salle de bains*
Lift	*l'ascenseur*
Zelt	*la tente*

Wetter	*Le temps*
Wie ist das Wetter?	*Quel temps fait-il?*
die Wettervorhersage	*la météo*
Heute ist schönes Wetter.	*Il fait beau aujourd'hui.*
Welch eine Hitze!	*Quelle chaleur!*
Ich friere.	*J'ai froid.*
Die Sonne scheint.	*Le soleil brille.*
Der Himmel ist bewölkt.	*Le ciel est couvert.*
Wolken	*les nuages*
Schnee, es schneit.	*la neige, il neige*
Regenschirm	*le parapluie*
Es regnet	*Il pleut*
Nebel	*le brouillard*
Gewitter	*l'orage*
Sturm	*le tempête*
schwül	*lourd*

Zahlen	*Les chiffres*
null	*zéro*
eins	*un*
zwei	*deux*
drei	*trois*
vier	*quatre*
fünf	*cinq*
sechs	*six*
sieben	*sept*
acht	*huit*
neun	*neuf*
zehn	*dix*
elf	*onze*
zwölf	*douze*
dreizehn	*treize*
vierzehn	*quatorze*
fünfzehn	*quinze*
sechzehn	*seize*
siebzehn	*dix-sept*
achtzehn	*dix-huit*
neunzehn	*dix-neuf*
zwanzig	*vingt*
einundzwanzig	*vingt-et-un*
zweiundzwanzig	*vingt-deux*
dreißig	*trente*
vierzig	*quarante*
fünfzig	*cinquante*
sechzig	*soixante*
siebzig	*soixante-dix*
achtzig	*quatre-vingt*
neunzig	*quatre-vingt-dix*
hundert	*cent*
tausend	*mille*

Kalender/Zeitangaben	*la date*
Montag	*lundi*
Dienstag	*mardi*
Mittwoch	*mercredi*

Donnerstag	*jeudi*	bis Mitternacht	*jus'qu à minuit*
Freitag	*vendredi*	im Morgengrauen	*à l'aube*
Samstag	*samedi*	heute	*aujourd'hui*
Sonntag	*dimanche*	morgen	*demain*
Wochenende	*week-end*	übermorgen	*après-demain*
		gestern	*hier*

Uhrzeit — *l'heure*

Wie viel Uhr ist es?	*Quelle heure est-il?*	Januar	*janvier*
Es ist halb zehn, viertel vor zehn	*Il est neuf heures et demi, dix heures moins*	Februar	*février*
		März	*mars*
		April	*avril*
viertel nach acht.	*huit le quart, heures et quart.*	Mai	*mai*
		Juni	*Juin*
		Juli	*juillet*
Um wie viel Uhr beginnt das Theater?	*A quelle heure commence la pièce?*	August	*août*
		September	*septembre*
		Oktober	*octobre*
Um acht Uhr (abends).	*A huit heures du soir.*	November	*novembre*
		Dezember	*décembre* ■

Wegweiser am Hotel Negresco in Nizza

BEFORE YOU DIE®

DEUTSCHLAND

Durchgängig vierfarbig
Über 1000 farbige Abbildungen
und 17 Karten
1216 Seiten, Format 13,4 x 19 cm
1. Auflage 2022
ISBN 978-3-96141-622-6
€ 19,90

DER BILDBAND

*Die Welt, wie Sie sie
noch nie gesehen haben*

Patricia Schultz
Durchgängig vierfarbig,
mit 1000 Fotos, 544 Seiten
Format 24,1 x 32,7 cm
3. überarbeitete Auflage 2022
ISBN 978-3-96141-655-4
€ 59,90

TAGESKALENDER 2024

In 365 Tagen um die Welt

Patricia Schultz
320 Blätter mit über 300 Fotos,
vierfarbig, mit Pappaufsteller
und Wandaufhängung
ISBN 978-3-96141-671-4
€ 15,00

Konzeption, Layout und Gestaltung dieser Publikation bilden eine Einheit, die eigens für die Buchreihe der **Go Vista City/Info Guides** entwickelt wurde. Sie unterliegt dem Schutz geistigen Eigentums und darf weder kopiert noch nachgeahmt werden.

© 2023 VISTA POINT Verlag GmbH, Rolandsecker Weg 30, D-53619 Rheinbreitbach
Alle Rechte vorbehalten
Reihenkonzeption: Andreas Schulz & Vista Point-Team
Bildredaktion: Bettina Hamann
Lektorat: Kristina Linke
Layout und Herstellung: Britta Wilken, Sandra Penno-Vesper, Potsdam
Reproduktionen: Noch & Noch, Datteln
Kartographie: Huber Kartographie GmbH
Gesamtherstellung: VISTA POINT Verlag GmbH, Rheinbreitbach

ISBN 978-3-96141-676-9

VISTA POINT Verlag
Rolandsecker Weg 30 · 53619 Rheinbreitbach
Telefon: +49 (0)2224/7795-0 · Fax: +49 (0)2224/7795-100
info@vistapoint.de · www.vistapoint.de · www.facebook.de/vistapoint

Urlaub für Dich. Postkarte für die Liebsten.

 MyPostcard

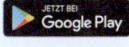 

Zeichenerklärung

In diesem Buch werden folgende Symbole verwendet:

 Information

 Museum, Galerie

 Sehenswürdigkeit

 Wanderung

 Aussichtspunkt

 Park, Wald

 Botanischer Garten

 Zoo, Tierpark

 Aquarium, Angelfahrt

 Hits für Kids

 Fest, Theater

 Restaurant

Café, Frühstück

Pub, Kneipe

Weinverkostung

 Bar, Nightlife

 Jazzmusik

 Livemusik, Konzert, Disco

 Kasino

 Einkaufen

 Hotel

 Strand, Insel, Badebucht

 Sport, Aktivität

 Bus, Nahverkehr

 Fahrradverleih/ -tour

 Schiffsverbindung,
-fahrt, Fähre

 Wassersport

 Touristenbahn

 Seilbahn

 Rundflug, Flughafen

Die im Kapitel Nizza und unter den »Vista Points« beschriebenen Orte und Sehenswürdigkeiten sind auf der **separaten Karte** mit einem roten Stern (★) gekennzeichnet.

Bei den empfohlenen Restaurants zu den einzelnen Orten werden Preiskategorien (€-Symbole) angegeben, die sich jeweils auf ein Menü ohne Getränk beziehen:

€   – untere Preislage (bis 15 Euro)
€€   – mittlere Preislage (15 bis 20 Euro)
€€€   – höhere Preislage (über 20 Euro)